LECTURAS

Serie dirigida por Fausto Hernández Trillo

100

EL AGUA EN MÉXICO

LECTURAS

100

El agua en México
Consecuencias de las políticas de intervención en el sector

HILDA R. GUERRERO GARCÍA ROJAS,
ANTONIO YÚNEZ-NAUDE
Y JOSUÉ MEDELLÍN-AZUARA
(COORDINADORES)

El TRIMESTRE
ECONÓMICO
1934 - 2009

FONDO DE CULTURA ECONÓMICA
MÉXICO

Primera edición, 2008

Guerrero García Rojas, Hilda R., Antonio Yúnez-Naude y Josué
Medellín-Azuara, coords.
    El agua en México. Consecuencias de las políticas de inter-
vención en el sector / coord. de Hilda R. Guerrero García Rojas,
Antonio Yúnez-Naude y Josué Medellín-Azuara. — México :
FCE, 2008
    222 p. ; 21 x 14 cm — (Colec. Lecturas de El Trimestre
Económico ; 100)
    ISBN 978-968-16-8613-0

    1. Agua — México 2. Recursos Naturales — Agua 3. Econo-
mía Rural — México I. Yúnez-Naude, Antonio, coord. II. Medellín-Azuara, Josué, coord. III. Ser. IV. t.

LC QH 541.5 W3   Dewey 333.91 G64a

Distribución mundial

Comentarios y sugerencias:
trimestre@fondodeculturaeconomica.com
www.fondodeculturaeconomica.com
Tel. (55)5227-4672 Fax (55)5227-4694

 Empresa certificada ISO 9001:2000

Diseño de portada: Laura Esponda Aguilar

D. R. © 2008, FONDO DE CULTURA ECONÓMICA
Carretera Picacho Ajusco, 227; 14738 México, D. F.

ISBN: 978-968-16-8613-0

Impreso en México • *Printed in Mexico*

PRESENTACIÓN

El presente volumen contiene los resultados de las investigaciones realizadas durante 2005 y 2006 para el proyecto del Banco Mundial y la Secretaría de Medio Ambiente y Recursos Naturales: *Mexico Economic Sector Work (ESW): Assessment of Policy Interventions in the Water Sector*. Además se incluye un estudio de caso adicional a los elaborados para el mencionado proyecto respecto a la valoración contingente del agua.

México ha logrado realizar avances en el sector del agua, incluyendo un sistema legislativo comprensivo, una autoridad nacional del agua y un sistema funcional de derechos de agua, así como un naciente mercado del recurso. Sin embargo, el país todavía enfrenta desafíos significativos. Éstos incluyen aspectos relacionados con la sostenibilidad, la eficiencia económica (o límites al crecimiento) y la equidad, como: *i*) la creciente y continua sobreexplotación de los recursos hídricos en varias regiones del país, que ha generando efectos negativos en la disponibilidad presente y futura del recurso; *ii*) los precios distorsionados, los subsidios y otras intervenciones en el sector del agua y de otros relacionados, que alientan prácticas no sostenibles en el uso del recurso y desalientan la asignación del agua a usos más productivos, y *iii*) ciertas leyes, regulaciones, políticas e inversiones que crean condiciones no sostenibles y distorsiones en el uso del agua y que además dan lugar a una asignación no equitativa de los recursos fiscales.

El aumento de la demanda del agua en México provocado por el crecimiento económico y de su población (sobre todo en el norte y centro del país), contrastan con su bajo precio y con los subsidios a la electricidad (en particular para el bombeo de agua subterránea usada en la agricultura de riego). Como estas medidas impiden que se refleje el problema de escasez del recurso, México ahora hace frente a lo que se ha llamado "la crisis del agua". La situación incluye la sobreexplotación de 100 de sus 653 acuíferos, que representan más de la mitad de la extracción del agua subterránea en el país.

En México la agricultura de riego es la actividad productiva que más consume agua superficial y subterránea (alrededor de 80%). Aunque algunas áreas con sistemas de riego ya están usando técnicas eficientes en el uso del líquido, el cambio ha sido limitado. En este tipo de agricultura la sustitución de cultivos hacia los menos intensivos en el uso del recurso no se ha dado por varias razones. Entre ellas destaca que los precios del agua y de la electricidad para extraerla todavía dan la señal falsa de que el recurso es abundante. La situación hace que los agricultores tengan pocos incentivos para cambiar las prácticas y tecnologías que dan lugar a acuíferos sobreexplotados, bajando los niveles de las aguas subterráneas y en muchos casos permitiendo la intrusión del agua salina.

Estos aspectos son conocidos por los expertos. Menos común es el conocimiento a profundidad de las consecuencias económicas de estos problemas, así como de las posibles opciones de política para resolverlos. Es entonces de suma importancia, y urgente, contar con análisis que permitan a los diferentes actores evaluar y priorizar las políticas de intervención en el sector agua. Este es, precisamente, el objetivo del proyecto cuyas contribuciones se recogen en estas Lecturas de EL TRIMESTRE ECONÓMICO.

Los trabajos que se presentan en este volumen son parte de una estrategia programática más amplia del Estado y sociedad del país. El proyecto del que surgieron tuvo como base: *i*) las consultas a actores y tomadores de decisión (representantes de alta jerarquía del gobierno de México, de la academia, de la industria, de municipios, de la sociedad civil, etc.) para identificar aspectos prioritarios que representan los desafíos principales a los que hace frente el sector agua en México; *ii*) la selección de la cuenca del Río Bravo como un caso representativo de la problemática hidrológica del país y de interés para el gobierno federal, y *iii*) la identificación de economistas expertos para efectuar los análisis pertinentes.

El proyecto se basa en una serie de estudios acerca de la situación del agua en México, de análisis cuantitativos y de acopio de datos del sector y de la cuenca del Río Bravo, con particular atención en la agricultura, la actividad que más agua consume. Algunos de estos estudios alimentaron los modelos económicos con los cuales se simularon una serie de escenarios para cuantificar los posibles efectos de otras políticas en los sectores del agua y agrícola, y en la economía mexicana. Además, el volumen incluye un estudio de valoración contingente, el cual ofrece opciones para la toma de decisiones; es decir, el cambio de uso del agua de la agricultura hacia fines económicamente más rentables, por ejemplo, el mantenimiento del ecosistema al sostener los flujos de agua del Río Colorado, valorados como un bien público.

1. POLÍTICAS EN EL SECTOR AGUA, INSTRUMENTOS PARA LA EVALUACIÓN DE SUS CONSECUENCIAS ECONÓMICAS Y AMBIENTALES
Una visión panorámica

Ariel Dinar, Hilda R. Guerrero García Rojas,
Antonio Yúnez-Naude y Josué Medellín-Azuara

INTRODUCCIÓN

EL MANEJO de los recursos de agua es uno de los problemas ambientales y de recursos más urgentes de México, que impone grandes costos en la economía. El territorio del país es un poco menor a 2 millones de km² y la población se ha cuadruplicado en 55 años de 25 millones en 1950 a más de 106 millones en junio de 2005. El crecimiento de la población se ha presentado en toda la nación, pero ha sido mayor (por migración interna) en las regiones semiáridas y áridas del norte, noroeste y centro, las cuales son precisamente las que tienen mayor actividad económica y donde el agua es escasa. El incremento resultante en la demanda de agua, combinado con la utilización del recurso en procesos más intensivos (estimulada en parte por distorsiones de precio y por mecanismos de cumplimiento de normas y leyes relativamente débiles), han llevado a una insuficiente disponibilidad del líquido para mantener los ecosistemas naturales, restringiendo gravemente el crecimiento en muchas áreas.

México ha sido capaz de tener logros en el sector agua, que incluyen un sistema legal detallado, una autoridad nacional del agua, el funcionamiento de un sistema de derechos de agua y un mercado incipiente del recurso hídrico. Sin embargo, aún enfrenta desafíos significativos en el sector. Éstos incluyen asuntos relacionados con sostenibilidad, eficiencia económica (o límites al crecimiento) y equidad. Algunos ejemplos de la situación son los siguientes: *i*) la sobreexplotación creciente y continua de los recursos hídricos tiene un efecto significativo en la disponibilidad de dicho recurso a corto y largo plazos; *ii*) precios desvirtuados, subsidios y/u otros incentivos en el uso de agua y para la promoción de sectores relacionados, promueven prácticas

11

no sostenibles del recurso y desalientan la asignación del agua a usos productivos de más alto valor; *iii*) leyes, regulaciones, políticas e inversiones que crean las condiciones para el uso no sostenible del agua o distorsiones, dan como resultado una asignación inequitativa de los recursos fiscales. Problemas similares han sido destacados por Wilder y Romero Lankao (2006).

Más específicamente, en la actualidad casi 80% de la población con crecimiento acelerado está ahora concentrada en las áreas norte y centro de México, a las que se adjudica más de 80% del PIB, más de 90% de la agricultura de riego y 75% de la actividad industrial. Con el incremento consecuente en la demanda de recursos de agua, con acuerdos institucionales inadecuados y debido a que los precios del agua (y los de la electricidad para el bombeo de agua subterránea) no reflejan la escasez del recurso, México enfrenta ahora una "crisis de agua". Ésta incluye la sobreexplotación de 100 de sus 653 acuíferos, correspondientes a más de la mitad de la extracción de agua subterránea en el país (CNA, 2006). La Comisión Nacional del Agua (Conagua) estima que la sobreextracción del agua subterránea se da en por lo menos 40% del total del uso del agua subterránea. Únicamente en la producción agrícola el valor de esta sobreextracción se estima en más de 1.2 mil millones de dólares o 0.2% del PIB.

La reducción en la disponibilidad de agua de muchos acuíferos lleva a un racionamiento no regulado y sin consideraciones de precio, distorsionando el crecimiento en las regiones económicas más dinámicas del país. Algunas contradicciones entre la Constitución y la Ley de Aguas Nacionales y su reglamento complican aún más este tipo de racionamiento, particularmente en lo que concierne a poblaciones aisladas.

A pesar de que parte del riego agrícola está cambiando a tecnologías de ahorro de agua, el cambio es limitado y el patrón de cultivos permanece en gran parte sin cambio. Esto debido a que los precios del agua y electricidad aún dan una falsa señal de que el recurso es abundante, y la infraestructura de riego es insuficiente para permitir el cambio a cosechas especializadas. Más aún, los productores agrícolas se benefician de las bajas tarifas eléctricas para el bombeo. En consecuencia, los agricultores tienen pocos incentivos para cambiar las prácticas actuales, lo cual da como resultado un sobrebombeo de los acuíferos, disminuyendo los niveles freáticos y, en muchos casos, permitiendo la intrusión salina. Además, el costo financiero para la sociedad del subsidio de electricidad de casi de 700 millones de dólares por año. Por tanto, el costo del agua representa para la agricultura sólo una fracción del total, ya que la degradación ambiental no ha sido evaluada de manera apropiada.

En suma, al tornarse el agua en México espacialmente muy escasa, con el tiempo en ciertas regiones el recurso se ha estado convirtiendo en un factor limitante para la actividad económica y el bienestar social. La identificación de prioridades e intercambio en relación con las asignaciones de agua requiere una cuidadosa y puntual atención para responder a una creciente gama de complicaciones. Éstas se deben al efecto de diversas consideraciones entrelazadas, como la sostenibilidad de los recursos hídricos, equidad, contaminación, medio ambiente, servicios básicos, desarrollo, competencia y globalización. Las políticas nacionales, tanto dentro del sector hídrico como para la economía en general, necesitan dar cabida a dichos asuntos. De otra manera, la tendencia de subvaluar y sobreexplotar los recursos hídricos traerá consigo efectos negativos cada vez más significativos en la economía y sociedad mexicanas. A continuación se sintetizan los apectos de la problemática considerados como los principales o más importantes a partir del efecto que generan.

1. *Sostenibilidad*

a) *Sobreexplotación de recursos hídricos.* En parte, debido a que los precios del agua (incluyendo los de la electricidad para bombear el agua subterránea) no reflejan la escasez del recurso hídrico. Una gran cantidad de actividades agrícolas que requieren un uso intensivo del agua predominan en las regiones central y norte del país. En ellas se producen la mayoría de los cultivos de riego, lo que origina acuíferos sobreexplotados. La Conagua estima la sobreextracción de agua subterránea en 6 km^3/año; casi 40% de la utilización total de agua subterránea, que es de 27.4 km^3/año (capítulo 2). El agotamiento de muchos acuíferos conlleva a limitar su explotación sin consideraciones de precio y regulación, lo que distorsiona el crecimiento en las regiones económicas más dinámicas de México (la mayoría de los grandes usuarios industriales se abastecen con agua de sus propias fuentes).

En respuesta a la escasez de agua, algunos agricultores ya están usando técnicas de ahorro de agua (sustituyendo los sistemas de aspersión o riego rodado por los de goteo), pero el cambio ha sido limitado. Además la mezcla de cultivos ha permanecido relativamente sin cambios, en gran medida debido a que los precios (de agua y electricidad) continúan dando la falsa señal de que el agua es abundante. Con un costo en apariencia bajo de agua para bombeo, los agricultores sobreexplotan los acuíferos, disminuyendo los niveles freáticos y en muchos casos propiciando la intrusión salina.

b) *Aspectos ambientales.* Los usos ambientales del agua son un componente importante para contar con un sector de recursos hídricos saludable, pero no se asigna valor al agua en el cauce ni aguas abajo (manglares y pesca, por ejemplo), y tampoco se conoce la cantidad por la cual la sobreutilización del agua afecta negativamente al medio ambiente. La Ley de Aguas Nacionales en México reconoce la necesidad de mantener los flujos de agua para uso de sistemas biológicos: la Comisión Nacional de Biodiversidad (Conabio) publica las áreas biológicas de relevancia para la biodiversidad. Incluso cantidades de flujos de agua relativamente pequeños pueden hacer una enorme diferencia en la conservación de vegetación ribereña y lograr el equilibrio de la salinidad en las lagunas costeras. Una evaluación apropiada del valor agregado del uso del agua para propósitos ambientales podrá proporcionar elementos para incorporar consideraciones ambientales en las políticas del sector hídrico.

c) *La valoración contingente.* Una manera de determinar el valor de un bien público es a partir de la valoración contingente. Los resultados de la aplicación de este método en un estudio de caso para los flujos de agua del Río Colorado a la zona urbana de San Luis Río Colorado (capítulo 6) brindan elementos para la toma de decisiones. Por ejemplo, permitir el paso del agua a la desembocadura del río puede ser más rentable que detenerla en la red hidráulica para sostener actividades agrícolas. Esto debido a que el flujo del recurso hasta la desembocadura del río promovería otras actividades (como la pesca y el turismo), que pueden ser más rentables. Además, la corriente del líquido ayudaría al sostenimiento del ecosistema.

d) *Reutilización del agua.* El reuso directo e indirecto de agua residual municipal e industrial, tratada o no tratada, posee una larga tradición en México y es común a lo largo de todo el país (la excepción son las áreas costeras que por lo general descargan al mar este tipo de aguas). La mayoría del agua residual, proveniente de ciudades del interior de México, es reutilizada indirectamente de manera no planeada, después de ser descargada en un río y mezclada. Parte del agua residual es reutilizada directamente y de manera planeada para riego en la agricultura, por lo común sin realizar pago alguno por el servicio del líquido. Una porción pequeña del agua residual es reutilizada en la industria, el único sector que tiene la capacidad económica y la disposición a pagar sumas significativas por el agua reutilizable.

2. Agua como factor limitante del crecimiento económico

a) *Competitividad*. Debido a que la economía de México está siguiendo un camino de mayor apertura, están creciendo las oportunidades para una expansión económica, en los planos regional e internacional. Sin embargo, éstas no han sido del todo procuradas, en parte debido a varias situaciones, dentro de las que destacan: la ausencia de incentivos adecuados para mejorar la utilización del agua como aquellos que promuevan el cambio de usos del agua de bajo valor hacia usos de alto valor; la inexistencia de un sistema administrativo de derechos del agua en lugares en donde se dificulta comercializar con el agua, y a la carencia de mecanismos para ajustar el uso del agua a demandas sectoriales y a las señales de mercado. Por ejemplo, algunas industrias no se pueden establecer en regiones atractivas debido a las dificultades para asegurarse los derechos de explotación del recurso hídrico.

b) *Comercio*. El comercio internacional en expansión ha sido uno de los cambios económicos más importantes que afectan el uso y valor del agua en México. Con la apertura comercial de los pasados 20 años, el abasto y la demanda del exterior entran en juego y la reasignación racional de la producción debería avanzar más hacia las actividades con mayor productividad del agua, lo cual requiere precios de mercado relativamente libres para el líquido así como para bienes e insumos distintos del agua. Con ello, los productos cuya manufactura o elaboración requiera un alto consumo de agua serían importados de lugares con más disponibilidad de agua, y México se especializaría en productos comerciables que requieran menos agua. La trasmisión de dicha información e incentivos a los productores en una economía dirigida por el mercado se realizaría por medio de cambios en los precios relativos. En México esto no ha sucedido. Un caso notorio es la orientación de la producción dentro del sector agrícola hacia actividades con uso intensivo de agua. Reflejo de lo anterior es que el peso de la agricultura de riego en el valor de las exportaciones subió de 45 a 55% durante los años ochenta y noventa, asimismo en lo que va del presente siglo este valor es cercano a 70 por ciento.

3. Consideraciones de equidad

a) *Diferencias regionales*. La expansión de la agricultura y de otras actividades económicas en el norte y centro del país ha sido el resultado de diversas intervenciones de políticas. El gasto federal más alto *per capita* en infraestructura hidráulica, almacenamiento y transporte se canaliza al Distrito Federal, a estados muy áridos en el norte —Baja California y Sonora— así como al estado de Colima. El más grande apoyo federal *per capita* a programas para la agricultura, así como los subsidios para agua de riego por bombeo se dirigen a los estados del norte y del centro; es decir, donde se encuentran concentradas la mayor parte de la población y de las actividades económicas y en donde, como consecuencia de esta competencia entre usuarios, el agua es un recurso escaso.

Estos fenómenos tienen consecuencias más allá de la eficiencia económica, ya que incluyen aspectos de equidad y pobreza. La concentración del gasto federal y de los subsidios para abasto de agua y sanidad, infraestructura hidráulica y agricultura en el norte y centro es entendible debido a que estas son las áreas que están más pobladas y con mayor necesidad de infraestructura y agua para la producción agrícola; pero también indica un relativo descuido en las áreas de mayor pobreza. La concentración de los programas de apoyo a la agricultura en los estados más secos y ricos han contribuido a la sobreexplotación del agua subterránea, mientras que la agricultura de temporal en los estados más pobres del sur puede estar descuidada.

b) *Abasto de agua y cobertura sanitaria*. A partir de las reformas hacia la descentralización en los años ochenta, los municipios han asumido la responsabilidad del abasto de agua y sanidad. La cobertura ha continuado incrementándose desde entonces, gracias en gran medida a los subsidios estatales y federales. Sin embargo, la calidad de los servicios y del agua aún es baja y el abasto del líquido es, en ciertas zonas, intermitente. Por ejemplo, únicamente cerca de la mitad de los hogares en barrios urbanos pobres reciben agua todos los días, 24 horas al día. Además, un gran número de personas aún carece del servicio, incluyendo 13.2 millones sin agua entubada y 23.7 millones sin drenaje sanitario.

Un número considerable de los organismos que se dedican al suministro del agua lo hacen con altos niveles de pérdidas, baja eficiencia en la recaudación, alta rotación de personal y deficiente capacidad institucional. Pocos municipios u organismos de suministro de agua (operadores) han actuado contundentemente para atender o buscar resolver dichas ineficiencias. Además, sus ingresos podrían incrementarse de modo considerable sin incrementar tarifas, si se esforzaran en cobrar el agua facturada y en reducir las pérdidas de agua en las redes de distribución.

I. ASUNTOS PRIMORDIALES

1. *Localización y descentralización*

Frente al papel que tiene formalmente la Conagua, en la práctica, el control de la mayoría de los recursos hídricos se ha transferido a los agricultores. De la misma manera, mientras que productores en los distritos de riego (DR) en promedio contribuyen en hasta 80% de los costos de operación y mantenimiento, éstos pagan poco (o nada) por costos de inversión en infraestructura principal y secundaria. Las autoridades locales del agua también tienen un control considerable de los recursos hídricos.

Se supone que los usuarios del agua deben pagar algo (por lo general un monto menor al costo de oportunidad económico del uso del recurso con mayor valor productivo), mas por lo común no lo hacen. Los usuarios industriales y comerciales, al menos los más grandes, pagan cuotas considerables por la utilización del líquido, pero a estos usuarios corresponde menos de una décima parte del uso. Por otro lado, la mayoría de los organismos operadores aún dependen de los municipios y están sujetos a interferencias políticas en su operación diaria, situación que no lleva a un abasto y suministro eficientes del servicio.

Entre otros, la modificación a la Ley de Aguas Nacionales en 2004 tiene como propósito la planeación y manejo de recursos hídricos a nivel cuenca y acuífero, y que se realicen con la participación de diversas dependencias de gobierno y de sus distintos estratos administrativos (federal, estatal, y municipal), de los usuarios de agua y del sector privado. Sin embargo, continúa pendiente la instrumentación de este nuevo marco legal e institucional.

2. *Derechos de agua*

La administración de los derechos del agua, aun cuando ha sido considerablemente modernizada en relación con las circunstancias anteriores a 1990, todavía es inadecuada. La incertidumbre institucional y legal, las complicaciones relacionadas con las concesiones de derechos, el cumplimiento inadecuado de la legislación y reglamentos existentes y los incentivos económicos limitados para promover la utilización eficiente intra e intersectorial del agua son algunos de los aspectos primordiales que deberán atenderse en los próximos años.

II. CONSIDERACIONES POLÍTICAS

Los capítulos incluidos en estas Lecturas tratan los principios de eficiencia, equidad y sostenibilidad, a la vez que reconocen que el manejo del agua es un asunto político y que las reformas necesarias al sector agua requieren la articulación de intervenciones priorizadas, secuenciales, prácticas y pacientes. Es, pues, de fundamental importancia encontrar el equilibrio adecuado entre estas intervenciones. A partir de la escasez de los recursos hídricos en México, la búsqueda del mencionado equilibrio requiere políticos, funcionarios de todos los sectores y sociedad civil informados y comprometidos en un diálogo que tome en cuenta un marco analítico común. Como veremos a continuación, los estudios presentados en este volumen sirven para proporcionar un conjunto analítico de políticas para tratar asuntos de sostenibilidad, equidad y eficiencia económica o restricciones al crecimiento.

1. *El costo del suministro de agua potable:*
Análisis y propuestas de política

Los sectores municipales e industriales en México consumen alrededor de 15% del agua disponible. Sin embargo la tendencia de consumo crece rápidamente y los usuarios, municipal e industrial, compiten con usuarios de agua de riego en ciertas regiones, particularmente en el Río Bravo y en los centros urbanos en crecimiento. Los resultados de una considerable cantidad de informes comisionados por el gobierno de México sugieren que el costo del suministro de agua en el país es relativamente alto, y que por muchas razones, las compañías de suministro de agua (organismos operadores de agua) no demuestran sostenibilidad financiera. Para identificar las intervenciones de políticas que pudieran mejorar el rendimiento de los organismos operadores de agua es importante tener claro la relevancia que tiene el contar con información adecuada relacionada con el suministro de agua. De otra manera los encargados de las políticas no pueden evaluar el efecto potencial, por ejemplo, de los incentivos basados en el desempeño para los organismos operadores de agua.

a) *Sector urbano.* En el plano nacional el costo unitario promedio de producción y suministro de agua municipal, evaluado para una muestra de 2 356 organismos de suministro de agua (operadores) en el país, fue de 1.95 pesos/m^3 (0.21 dólares) y 2.55 pesos/m^3 (0.28 dólares) respectivamente (capítulo 4). En este mismo plano, el beneficio neto del organismo operador es negativo, –0.17 pesos/m^3. Asimismo, 65% de los organismos operadores no recuperan sus costos de suministro de agua. El análisis sugiere que entre las principales razones de este problema, es que sólo cerca de 60% de toda el agua producida es facturada. Las causas fundamentales se deben también, además de una facturación inadecuada, a un escaso uso de sistemas de detección de fugas e ineficiencia en la utilización y en el ahorro del agua. Irónicamente, los estudios sugieren que la porción del ingreso promedio mensual que una familia mexicana está dispuesta a pagar por el servicio de suministro de agua (por ejemplo, 4% en la ciudad de México y Guadalajara) es similar al presentado en otras regiones del mundo (3.5%). Lo anterior sugiere que mientras existe una disposición de pago por un mejor servicio de abasto de agua, la ineficiencia de los proveedores no permite una apropiada recuperación del costo. Esto puede crear un círculo vicioso en los usuarios que están descontentos y carecen de disposición de pago. La Comisión Nacional del Agua ha elaborado programas (ejemplo Prodder —Programa de Devolución de Derechos) para intentar resolver el problema, pero éstos se basan en subsidios federales y no en la creación de incentivos y de mecanismos para hacer cumplir las leyes que mitiguen las ineficiencias fundamentales del sistema.

b) *Sector industrial.* El análisis realizado por Guerrero García Rojas (2005) respecto al agua por el sector industrial en México indica que las cuotas por unidad y la productividad del agua varían ampliamente entre regiones. Por ejemplo, cuotas que varían entre 5.72 pesos/m^3 y 0.97 pesos/m^3, y estimaciones de productividad de agua que van de 2 186 pesos/m^3 a 130 pesos/m^3. Esto parece ser el resultado de un sistema de tarifas diferenciales elaborado en el plano federal que podría estar basado en gran medida en decisiones políticas. Las opciones de política que orienten la elaboración de tarifas más hacia consideraciones de eficiencia en el uso del recurso podrían rendir beneficios para las regiones y para la economía mexicana en su conjunto. Asimismo, a partir de la muy baja participación del costo del agua en relación con los costos totales de una empresa industrial (con frecuencia de sólo el 2% del costo total de producción), las industrias no pueden ser capaces de responder adecuadamente a la reelaboración del sistema de tarifas.

En suma, muchos de los problemas del servicio de abasto de agua municipal e industrial surgen de prácticas de gestión inadecuadas y de sistemas tarifarios ineficientes. Incluso, parece haber un amplio márgen de oportunidad para mejoras sin introducir incrementos inequitativos o infactibles en las cuotas de agua. Las opciones de intervención en el sector que se alejen de las consideraciones políticas y orientadas a objetivos de eficiencia en la utilización de agua deben ser considerados con atención.

2. La capacidad de los agricultores de adaptarse a cambios en las políticas: El caso de la cuenca del Río Bravo

La cuenca del Río Bravo (CRB) es un usuario importante de agua para riego. Comprende 11 distritos de riego (DR) y 3 223 unidades de riego, con un área regada total de 794 mil hectáreas. A partir de datos micoreconómicos obtenidos por FAO (2005) en la CRB es posible evaluar cómo responden diversos tipos de finca agrícola a diferentes intervenciones de políticas por unidad de producción. Dicha información, aunque no es representativa de la región, proporciona elementos de interés para la elaboración de políticas. Por ejemplo, a partir de un modelo de equilibrio parcial, en el capítulo 7 se evalúa la capacidad de los agricultores de responder a reducciones en la oferta de agua y al aumento de las tarifas cobradas por el líquido. Los resultados apuntan a que las decisiones de producción agrícola en riego son más sensibles a los cambios en la disponibilidad de agua que a modificaciones en el costo de la misma. Ello debido, básicamente, al muy bajo costo del agua para tal propósito.

A partir de los resultados de los análisis de la CRB pueden obtenerse un conjunto de medidas de políticas con potencial para mejorar la eficiencia en la utilización del agua para riego, que incluyen las siguentes:

a) *Reducción del área cultivada*. Por lo general, el calendario de riego de los diferentes cultivos en los DR sigue el esquema tradicional, establecido para asegurar primeramente el abasto de agua para producir granos (maíz y sorgo). Por tanto, las decisiones de producir otros cultivos con riego dependen de este esquema. La situación puede en parte explicar la relativa inflexibilidad del sector agrícola de riego para ajustarse a diversas condiciones climáticas y de disponibilidad de agua a lo largo de los años, así como a la competencia internacional. En consecuencia, hay un número limitado de opciones disponibles para los agricultores, y la que suelen utilizar para responder a decrementos en la disponibilidad del agua es una reducción en el área cultivada. Dependiendo del valor económico del agua para diferentes tipos de utilización del agua, las reducciones de área podrían ser contrarrestadas con inversiones en mejoramiento de tecnología.

b) *Flexibilidad en la distribución de agua* in situ. Los lineamientos de asignación de agua son rígidos y están elaborados para beneficiar en primer lugar al cultivo de granos. Por ejemplo, en el caso de hortalizas que no son técnicamente factibles con el programa de riego de granos, los agricultores utilizan agua subterránea para suplir el agua superficial. En este caso, cada agricultor realiza su propio programa de riego, dando lugar a aplicaciones subóptimas de agua y a ineficiencias. Diversas intervenciones de política pueden combatir estos problemas. Una de ellas es la creación de un embalse *in situ* que sería llenado por el suministro de agua programado y utilizado para riego dependiendo de la demanda de cultivos y de la tecnología disponible. La rigidez prevaleciente en el suministro de agua para riego podría, pues, cambiarse a partir del uso de tecnologías y mezclas de cultivos, del acceso al crédito y a la ayuda técnica para construir y operar pequeños embalses *in situ*.

c) *Agricultura de temporal y uso eficiente del agua*. A pesar de la severa escasez de agua en la CRB, la eficiencia del riego tiende a ser muy baja. Frente a ello se hacen esfuerzos para modernizar las redes

de riego y para modificar las tecnologías usadas. Aunque estas intervenciones pueden llevar a un incremento en la eficiencia en el uso del
agua, el problema puede también deberse a otros fenómenos. Uno de
ellos es que más de 50% de los terrenos usados en la agricultura de
riego son de propietarios ausentes o se encuentran arrendados. Los
hallazgos expuestos en un informe de la FAO (2005) sugieren que los
arrendatarios, comparados con los propietarios u operadores, están
menos inclinados a mejorar su utilización de agua e invertir en manejo e infraestructura. Encontrar una fórmula de costo compartido que
tome en cuenta la gran cantidad de propietarios ausentes en la región
permitiría una reducción en la aplicación promedio del agua estimada en 20 mil m^3/ha para la región de la CRB (capítulo 2).

d) *Regulación del agua subterránea.* El costo del suministro de
agua subterránea (principalmente debido al subsidio en la energía
eléctrica para su bombeo) es muy similar al precio de los derechos de
agua superficial en años de sequía. Ante estas circunstancias los agricultores tienden a hacer funcionar sus bombas con mayor frecuencia.
Las políticas que promuevan la utilización conjunta de agua subterránea y superficial a lo largo de los años, con diferentes tipos de incentivos de recarga de agua subterránea en años de abundancia,
podría mitigar los problemas de sobreexplotación actuales (FAO, 2005).

3. *El agotamiento de los acuíferos en México:*
   Análisis del desacoplamiento del subsidio
   a la tarifa eléctrica de bombeo agrícola

Uno de los mayores problemas ambientales de México es el manejo y uso no sostenible de agua subterránea. Debido a las diversas
intervenciones de políticas que llevaron a un mal manejo de este recurso, las reservas de agua subterránea están siendo contaminadas y
agotadas. El agua subterránea es consumida tanto para usos agrícolas como urbanos. El 70% del suministro de agua urbana en México
proviene de agua subterránea y sirve a 75 millones de habitantes en
el medio urbano. Sin embargo, es la agricultura de riego la que consume la mayor parte del agua subterránea y, entonces, es natural que las
intervenciones de políticas deban estar, primero y principalmente,
dirigidas a usuarios agrícolas.

Como se indicó líneas arriba, entre los 188 acuíferos de importancia, en 2005 más de 102 estaban sobreexplotados (su número ha

crecido constantemente en los pasados 30 años). Debido a la sobreexplotación las reservas de agua subterránea se están agotando en una proporción de 6 km³ por año. Al parecer el 66% del agua subterránea utilizada en el país es extraída de estos acuíferos, los cuales reciben 79% de la recarga nacional anual. La ubicación de los acuíferos sobreexplotados es tanto un indicador como una advertencia. La mayoría de los que son extremadamente sobreexplotados se encuentran en las regiones central y norte de México, donde la escasez de agua es un problema y donde operan los sectores económicos más activos en cuanto a uso de agua. La distribución geográfica de este recurso implica escasez donde se realiza la mayor parte de la actividad económica. Además de afectar la sostenibilidad del recurso y su calidad, la sobreexplotación de los acuíferos también provoca problemas de equidad en términos de acceso al subsidio y costo de extracción para los agricultores pequeños o con menos recursos. La raíz del problema es en parte el uso no sostenible del agua para riego, que se fomenta por subsidios directos (o carencia de un precio adecuado) para el recurso y por subsidios indirectos, conocidos como la "tarifa 09" para la energía eléctrica utilizada en el bombeo de agua subterránea para riego (capítulo 5). Estos subsidios han sido el resultado de las preocupaciones y de las presiones políticas de los agricultores para incrementar la competitividad del sector.

Además de contribuir a la depredación de los recursos hídricos y de crear externalidades, la tarifa 09 es también distribuida inequitativamente entre los usuarios de la concesión y los no concesionados. Además, los datos de la extracción del agua subterránea sugieren que el volumen total extraído excede al concesionado en 80% de los casos. A mayor concesión, es menor la probabilidad de sobreextracción. Los usuarios que consumen agua en cantidades menores a su asignación (o concesión) son los que tienen acceso a acuíferos ya sobreexplotados. Éstos enfrentan mayores costos de bombeo y son las víctimas directas de las externalidades causadas por la sobreexplotación.

Es evidente que mantener este tipo de subsidio ineficiente e inequitativo no es sostenible. Está igualmente claro que la abolición del subsidio a la electricidad induciría a los agricultores a reducir su bombeo, a introducir mejoras en tecnología de riego y a cambiar patrones de cultivos. Sin embargo, las opciones de políticas para eliminar el subsidio pueden ser difíciles de aplicar y crear tensión social. Una opción sería desvincular el subsidio del recurso agua. Esto permi-

CUADRO 1. *Opciones de desacoplamiento de la tarifa 09
y sus efectos*

Opciones de desacoplamiento	Grupos afectados	Efecto esperado
i) Refinanciar sólo para los acuíferos sobreexplotados	Afectaría sólo a 30% de los usuarios	Envía una señal a los usuarios en los acuíferos más afectados. Permite flexibilidad y adaptación con el paso del tiempo
ii) Refinanciar un susbsidio promedio para cada agricultor	Atractivo para pequeños concesionarios y con efecto negativo para los grandes concesionarios	Puede no ser políticamente factible
iii) Refianciación basada en el consumo histórico	Conservará el *statu quo* en términos de pagos nominales	Puede crear tensión en relación con la base para el cálculo (promediar con base en qué periodo)
iv) Refinanciación sólo a los concesionarios	Los usuarios sin concesiones se verán privados	Necesita determinación política. Puede generar un mercado de concesiones
v) Refinanciación basada en el número de hectáreas	Similar a la opción *iii*), excepto que la base es área de más que uso histórico	Necesitará ser supervisado de cerca. Se recomienda no distinguir entre cultivos

FUENTE: Adaptado del INE (2006).

tiría un incremento de precio (al retirar el subsidio), a la vez que mitigaría el riesgo de desestabilidad política y social (véase cuadro 1).

Eliminar el subsidio eléctrico puede no ser una medida eficaz o políticamente factible. Sin embargo, las opciones de políticas que convierten el subsidio en una transferencia directa de ingreso, desacoplándola del recurso, en este caso agua subterránea, podrían aun proporcionar a los agricultores incentivos para hacer un uso racional del agua y la electricidad, a la vez que se mantiene un proceso productivo en términos tecnológicos y de selección de cultivos. Al considerar las experiencias pasadas en México, esto necesitará un sinnúmero de aspectos prioritarios por tomar en cuenta, entre los que figuran la participación de agricultores y otros grupos de interés poniendo en claro el sistema actual de derechos de agua y la sobreconcesión de este recurso (incluyendo agua superficial); cambios en los incentivos económicos, y poner la innovación tecnológica al alcance de los agricultores.

En síntesis, la sobreexplotación del agua subterránea representa un problema urgente tanto económico como ambiental para México. Los programas de subsidio que inducen a los usuarios del recurso a incrementar la explotación de agua subterránea atentan contra un uso eficiente del líquido y no son sostenibles. Hay opciones disponibles de políticas para reorientar considerablemente dichos subsidios, mejorando así la sostenibilidad de los recursos hídricos, a la vez que mitigan el riesgo de inestabilidad política y social que podría ser el resultado de simplemente eliminar por completo los subsidios a la electricidad para el bombeo.

4. Legislación, política del agua e inversión pública en regiones indígenas de México

Las estimaciones de población indígena en México varían según el criterio utilizado. El criterio oficial considera a los mexicanos mayores de 5 años de edad que hablan una lengua indígena. Con esta base y según el Censo de Población y Vivienda de 2000, la población indígena era de 6 044 547. La Comisión Nacional para el Desarrollo de los Pueblos Indígenas y el Consejo Nacional de Población aplican un criterio más amplio, en el cual la población indígena alcanza un total de 12 707 000.

El trabajo de investigación presentado en el capítulo 3 destaca las difíciles condiciones en las cuales vive la población indígena. Sus ingresos son los más bajos del país y su acceso a las oportunidades de infraestructura y servicios públicos también es inequitativo. Los pueblos indígenas son importantes no sólo por su ubicación en las principales zonas de producción hídrica: bosques templados y bosques tropicales (calientes y húmedos), sino porque también poseen una diversidad de cultos del agua, los cuales en el periodo prehispánico contribuyeron al desarrollo de la civilización mesoamericana y a la formación de las llamadas "sociedades del agua". Estos pueblos actualmente poseen reglamentos sociales e instituciones locales que definen el acceso al agua y los derechos para todos aquellos que residen en su territorio.

Sin embargo, muchas de sus instituciones y reglamentos comunitarios no están legalmente reconocidos por el Estado y son aplicados de manera informal. Las diferentes regiones indígenas estudiadas poseen estrategias de automanejo para utilizar el agua: desde trabajo comunitario para limpieza de manantiales, a la asignación de usos y distribución de agua mediante juntas o asambleas colectivas. Estos reglamentos han dado origen a cohesión social y solución de conflictos en los planos comunitario e intracomunitario. En algunos poblados indígenas, durante el periodo de poca disponibilidad de agua (marzo-mayo), una asamblea decide la cantidad de suministro de agua mínimo necesario. El proceso asegura al menos un volumen pequeño para la supervivencia comunitaria en los momentos más críticos.

La desasociación y omisión de las dimensiones histórico-socioculturales del agua es una manera de hacer vulnerable las bases de la civilización contemporánea, incluyendo a los indígenas donde existe una cultura del uso y manejo del agua. También es una manera de generar conflictos acerca del agua y contrariar los mecanismos y modos de manejo social que han garantizado el acceso y uso colectivo del agua. El reconocimiento de los derechos indígenas al agua es esencial para avanzar en la construcción de sociedades más sostenibles y democráticas. En contraste, la Ley de Aguas Nacionales los omite. No obstante, los artículos 2 y 27 de la Constitución Política de México abren la posibilidad de leyes más innovadoras que reconozcan la diversidad cultural y existencia de pueblos indígenas y que no los reduzca a la simple connotación de usuarios del agua.

En suma, la ubicación estratégica de los pueblos indígenas en regiones con alta biodiversidad y riqueza de recursos naturales, así como en zonas de recarga de acuíferos, exige la definición de opciones de políticas que valoren los servicios del ecosistema (incluyendo el agua) ofrecidos a otras áreas sociales y productivas (ciudades, zonas de riego, etc). Por lo contrario, si las políticas de abandono y saqueo de los recursos naturales continúan, además de llevar a su depredación, aumentarán los conflictos sociales. Ejemplos de ello es el movimiento de las Mujeres Zapatistas para la Defensa del Agua en la zona mazahua.

III. Análisis de políticas hacia la agricultura de riego con enfoques regional y macro

Los contenidos y resultados de los capítulos analizados líneas arriba forman parte del marco para evaluar el efecto económico de intervenciones de política en el sector agrícola de riego de México. Lo anterior se hace a partir de dos modelos cuyos resultados se presentan en los capítulos 7 y 8. El primer modelo es uno microeconómico de equilibrio parcial y de producción agrícola aplicado a la cuenca del Río Bravo (CRB), la cual fue seleccionada con base en el proceso consultivo mencionado en la presentación de este volumen. Con el segundo modelo se introducen vínculos entre la economía agrícola regional (incluyendo a la CRB) con la nacional e internacional, a partir de un modelo computable de equilibrio general. Lo anterior para evaluar el efecto de intervenciones relacionadas con el suministro de agua para riego y el de políticas macro como la liberación del comercio. La novedosa combinación de estos dos modelos puede permitir a los responsables de las políticas evaluar el efecto de intervenciones en los planos micro y macro, así como las vinculaciones entre estos dos niveles.

1. Reorientar la distribución del agua que usa la agricultura

Parece poco probable que conservar los montos de agua distribuidos actualmente para usos agrícolas sea una estrategia sostenible, en parte debido a la distribución de más agua para usos agrícolas en relación con los urbanos. Como tal, cumplir con las demandas urbanas requeriría únicamente de pequeñas reducciones en el agua disponible para la agricultura. Según los resultados del modelo de equilibrio parcial, tal cambio provocaría reducciones moderadas en la tierra total cultivada y en la producción agrícola. Más aún, algunas intervenciones de política para alcanzar este resultado tienen efectos relativamente menos negativos que otras, de modo que son políticamente factibles.

Una limitante importante de este hallazgo es que, por la naturaleza de los datos, en el modelo no se consideró cabalmente el uso de agua subterránea. Otros estudios sugieren que para revertir la tendencia de los bajos niveles freáticos, en los acuíferos sobreexplotados y para tomar en cuenta los requisitos ambientales, se necesitan cambios drásticos más que pequeñas reducciones en el suministro de agua para la agricultura.

De cualquier manera, los agricultores parecen responder más a cambios en la cantidad que al precio (costo) del agua. Al simular en el modelo micro un incremento en el precio del agua de 50%, por ejemplo, el cambio en el costo total del agua para riego aún está por debajo del valor unitario del agua para los usuarios, de modo que incrementar el precio del agua parece ser relativamente ineficaz para este rango de incremento en precio del recurso. Con base en las realidades actuales de bajos precios y subsidios al uso de agua, es más factible que las opciones de política que tengan como objetivo la reducción en el suministro de agua para riego (en lugar de incrementos en el precio de su suministro) induzcan una mayor eficiencia del uso del agua para fines agrícolas.

A partir de los resultados arrojados por las simulaciones del modelo computable de equilibrio general, es posible argumentar que los efectos negativos que resultan al reducirse el suministro de agua de riego pueden ser compensados, permitiendo a las asociaciones de usuarios de agua para riego retener los ingresos de la recaudación por los derechos de agua para, después de haber cubierto operación y mantenimiento, invertir localmente los excedentes en tecnologías para mejorar la productividad del agua. Una manera de hacer esto posible sería a partir de un aumento a la tarifa unitaria del servicio de agua cobrada por las asociaciones de usuarios, de modo que iguale el valor económico del agua para los agricultores (valor sombra) que resultaría de una reducción marginal en el suministro de agua de riego.

2. Desarrollo de mercados de agua

El tema relacionado con el mejoramiento de la productividad del agua también podría ser tratado con la introducción de políticas que promuevan el desarrollo de los mercados de agua. Por ejemplo, según el modelo de equilibrio general, una transferencia simulada de 50% del agua de riego en la cuenca del Río Bravo hacia las regiones norte y central del país sugiere que tal transferencia podría contrarrestar varios de los efectos negativos asociados con la reducción de 50% en el suministro de agua para riego en cada región (véase Yúnez-Naude *et al*, 2006). Sin embargo, el marco regulatorio y legal actual con el estatuto general de la Comisión Nacional del Agua (Conagua) requeriría modificaciones que permitan a los agricultores negociar sus cuotas de agua. Los pros y contras de estos cambios deberán ser considerados, así como sus consecuencias en materia de economía política.

3. La localización

La discusión y elaboración de las intervenciones en el sector agua según una variedad de condiciones se deben tratar de manera simultánea. Por ejemplo, al simular la diferencia en la disponibilidad de agua en las cinco regiones rurales de México que podría provocar el cambio climático, los resultados del modelo de equilibrio general indican que la producción agrícola de buen temporal (predominante en la región sur del país) tiene el potencial de remplazar a la agricultura de riego (*ibid*). Por tanto, las políticas con alcance y efecto locales, focalizadas en el plano regional o por sector, parecen apropiadas para considerar el hecho de que las repercusiones de cambiar la disponibilidad de agua varían entre las regiones, hogares, sectores y grupos culturales.

REFERENCIAS BIBLIOGRÁFICAS

CNA (2006), "Estadísticas del agua en México, 2006", México, Comisión Nacional del Agua (http:\\www.cna.gob.mx).

FAO (2005), "Identification and Study o Irrigated Farm Types in the Rio Bravo Basin". Background Paper ESW, Banco Mundial, mayo.

Guerrero García Rojas, H. (2005), "The Cost of Providing and the Willingness to Pay for Water in the Municipal and Industrial Sectors", Background Paper ESW, Banco Mundial, mayo.

Wilder, Margaret, y Patricia Romero Lankao (2006), "Paradoxes of Decentralization Water Reform and Social Implications in Mexico", World Development, doi: 101016/jWorlddev.2005.11.026.

Yúnez-Naude, A. (coordinador) (2006), "Economic Assessment of Policy Interventions in the Water Sector", con la colaboración de Hilda Guerrero García Rojas, Josué Medellín-Azuara, Luis Gabriel Rojas, Lilian Albornoz Mendoza, Final Report: Mexico Economic Sector World (ESW), Banco Mundial, febrero.

2. REFORMAS LEGALES E INSTITUCIONALES DEL SECTOR HÍDRICO

Hilda R. Guerrero García Rojas

INTRODUCCIÓN

LOS ACTUALES derechos de propiedad del agua así como sus reglamentos tienen sus inicios en 1926 con la Ley de grande irrigación con aguas federales. Desde entonces las leyes e instituciones relacionadas con el sector agua han evolucionado y mejorado. En 1989 se crea la Comisión Nacional del Agua (Conagua) y es declarada como el organismo administrativo responsable de los recursos hídricos de México. Durante los pasados 80 años la creciente demanda del agua tanto para riego en la agricultura como en ciudades e industrias ha instaurado su crecimiento en la expansión de la infraestructura hidráulica, así como en diferentes políticas para asegurar un adecuado manejo del agua. Durante los decenios recientes el sector agua en México ha enfrentado diversos problemas provocados sobre todo por el ambiente naturalmente heterogéneo del país, en combinación con un proceso de divergencias regionales en el crecimiento económico. Ante las crecientes limitaciones en la disponibilidad del agua, los conflictos que surgen por el acceso al agua se han incrementado como consecuencia del continuo crecimiento de la población y la urbanización. Estos conflictos ocurren entre usuarios urbanos y rurales, entre ciudades vecinas y, más comúnmente, entre estados vecinos, regiones e incluso entre México y los recursos compartidos en la frontera con los Estados Unidos.

Problemas adicionales son las prácticas prevalecientes en el uso ineficiente del agua; mala calidad en los cuerpos de agua; incremento en las diferencias entre los que tienen acceso a los servicios de agua y los que no lo tienen; reducción en los servicios de agua como consecuencia de mantenimiento inadecuado, así como una débil capacidad de organización para proporcionar estos servicios. Por último, pero no por eso menos importante, el uso del agua fue y aún es gravemente subvaluado, con ineficiencias en la distribución de recursos para su uso más benéfico, así como el desorden en la cantidad y calidad de los

MAPA 1. *Disponibilidad regional del agua*

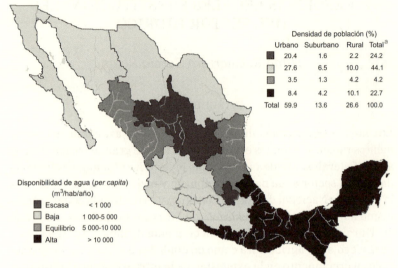

FUENTE: Instituto Mexicano de Tecnología del Agua, Reporte Interno (1992).
a Urbano >15 000 habitantes, Suburbano 2 500-15 000, Rural < 2 500.

MAPA 2. *Disponibilidad del agua y actividad económica*

(Porcentaje)

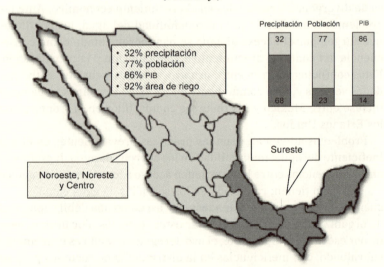

FUENTE: Guerrero García Rojas (2002) (http:\\www.worldbank.org/agadirconfrence).

servicios de agua esperados por la población y por sus actividades económicas.

Rodeado de este ambiente, a principios de los años noventa, el gobierno mexicano inició cierto número de reformas estructurales relacionadas con el sector agua y el manejo de los recursos nacionales de agua. La modificación legal e institucional tuvo lugar y se instrumentaron diversas estrategias con el fin de revertir tendencias negativas.

I. Estadística del agua[1]

México es una República Federal que consiste de 31 entidades federales y un Distrito Federal, los cuales se componen de 2 356 municipios y 16 delegaciones políticas en el Distrito Federal (INEGI, 1999). El Trópico de Cáncer divide al territorio casi por la mitad, proporcionando al norte un clima árido, en el sur de húmedo caliente a subhúmedo, y templado o frío en regiones con mayor altura. La precipitación media anual histórica es de 772 mm, lo cual da como resultado un escurrimiento medio anual de 394 km^3 y 75 km^3 de agua subterránea renovable (recarga de acuíferos), proporcionando una disponibilidad media de agua natural de 469 km^3 (CNA, 2003a). La precipitación varía ampliamente tanto por ubicación como por temporada. El 67% de la precipitación ocurre en sólo 4 meses, lo cual es una característica de los países con influencia tropical, como México. El mapa 1 describe esta disponibilidad irregular de agua *per capita* a lo largo del país. El mapa 2 destaca cómo la densidad de población así como la actividad económica están inversamente relacionadas con la disponibilidad de agua en México: 32% del escurrimiento se presenta donde reside el 77% de la población y se genera 86% del PIB (Guerrero García Rojas, 2002).

Consecuentemente, los escurrimientos superficiales así como las reservas subterráneas son cada vez menos capaces de resistir la gran demanda por el agua originado por las altas tasas de crecimiento poblacional y la actividad económica, dando como resultado acuíferos sobreexplotados y en algunos casos la necesidad de transferir agua entre cuencas. Además, para algunos cuerpos de agua su uso potencial se ha visto afectado por la contaminación.

El mapa 3 ilustra las regiones hidrológicas administrativas que la

[1] Esta sección fue tomada de Guerrero García Rojas (2005).

MAPA 3. *Regiones hidrológicas administrativas de la Conagua (1999)*

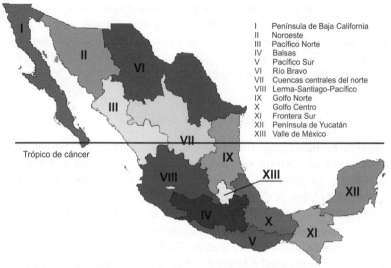

I	Península de Baja California
II	Noroeste
III	Pacífico Norte
IV	Balsas
V	Pacífico Sur
VI	Río Bravo
VII	Cuencas centrales del norte
VIII	Lerma-Santiago-Pacífico
IX	Golfo Norte
X	Golfo Centro
XI	Frontera Sur
XII	Península de Yucatán
XIII	Valle de México

FUENTE: Instituto Mexicano de Tecnología del Agua (1999).

Conagua utiliza para el manejo del recurso. La mayor parte del uso del agua subterránea se presenta en las áreas áridas y semiáridas del centro, noroeste y norte de México, donde el equilibrio de bombeo/recarga es negativo, con la consecuente sobreexplotación de numerosos acuíferos. La extracción anual total del agua subterránea es cerca de 27.5 km³, pero actualmente existen 104 acuíferos sobreexplotados (CNA, 2006a), de ellos, 17 presentan adicionalmente problemas de intrusión marina. La mayoría de estos acuíferos están ubicados sobre todo en los estados del norte y noroeste, así como en la cuenca del Río Lerma-Balsas en la planicie central. Por tanto, el agua subterránea se ha tornado fundamental para la economía mexicana y el desarrollo sostenible y representa a veces la mayor o incluso la única fuente de agua en las regiones áridas y semiáridas del país.

Como lo señala el cuadro 1, en 2001, 72.5 km³ de agua se utilizaron en el país para diferentes usos. Para usos de riego 78%, 13% se destina para el uso urbano y sólo 9% es para actividades industriales. De esta extracción total nacional, 62% proviene de fuentes superficiales y 38% de subterránea. Esto es, más de la tercera parte del total del uso del agua (agrícola, municipal-doméstica e industrial) proviene de fuen-

Cuadro 1. *Consumo de agua en México por tipo de usuario*
(2001)

	Superficial		Subterránea		Total	
	Km^3	Porcen-taje	Km^3	Porcen-taje	Km^3	Porcen-taje
Agricultura	36.8	82	19.6	71	56.4	78
Urbano (doméstico)	3.3	7	6.2	23	9.5	13
Industria (autoabastecida)	5.0	11	1.6	6	6.6	9
Total	45.1		27.4		72.5	

FUENTE: CNA (2003a).

tes subterráneas. La dependencia del agua subterránea es aún mayor en la demanda urbana-doméstica, la cual aumenta 65% por encima de sus requerimientos de esta fuente. Alrededor de 75 millones de personas dependen del agua subterránea para su suministro. Una parte importante de los recursos renovables se dejan más o menos intactos en las regiones menos desarrolladas del sur del país, en donde las barreras técnicas y naturales restringen el desarrollo de la agricultura de riego.

El uso consuntivo de agua para cada región hidrológica administrativa según su origen, agua subterránea o superficial, y por el tipo de uso se muestra en el cuadro 2. El cuadro 3 muestra los valores totales por tipo de usuario correspondiente al cuadro 2, así como la extracción *per capita* en metros cúbicos en relación con la extracción total por región administrativa. En el cuadro 3 notamos que los volúmenes principales de extracciones *per capita* se realizan en las regiones con menor disponibilidad de agua *per capita*. El mapa 1 muestra que el Río Bravo (región VI) tiene problemas de escasez (su disponibilidad *per capita* varía de 1 000 a 5 000 m³/hab/año). Sin embargo, estos valores cubren las extracciones *per capita* (727m³) de esta región (cuadro 3).

Al comparar los valores del cuadro 2 con las regiones hidrológicas del mapa 3 observamos que para la región XII, Península de Yucatán, el agua subterránea es la principal fuente para todos sus usos, ya que únicamente 0.031km³ provienen de derivación superficial para uso agrícola. La región VII suministra a usos urbanos e industriales con agua subterránea. El mismo comportamiento es compartido por las regiones I y II en relación con su uso industrial. Como se observa en el mapa 3 es claro que las regiones ubicadas por arriba del Trópico de Cáncer son los principales usuarios de agua subterránea, excepto por

CUADRO 2. *Extracciones de agua por región, fuente y tipo de uso (2001)*

Región administrativa	Agricultura		Urbano (doméstico)		Industria (autoabastecida)	
	Superficial km^3	Subterránea km^3	Superficial km^3	Subterránea km^3	Superficial km^3	Subterránea km^3
I Península de Baja California	1.896	1.839	0.102	0.231	0.004	0.213
II Noroeste	2.991	2.032	0.607	0.351	0	0.032
III Pacífico Norte	7.002	0.615	0.144	0.334	0.047	0.021
IV Balsas	4.579	0.624	0.251	0.468	3.264	0.142
V Pacífico Sur	1.131	0.072	0.124	0.133	0.005	0.008
VI Río Bravo	1.940	4.183	0.185	0.486	0.061	0.216
VII Cuencas centrales del norte	2.920	2.953	0.008	0.334	0.001	0.105
VIII Lerma-Santiago-Pacífico	7.318	4.274	0.512	1.381	0.074	0.257
IX Golfo Norte	2.831	0.757	0.238	0.157	0.156	0.047
X Golfo Centro	1.294	0.266	0.470	0.257	1.356	0.090
XI Frontera Sur	0.814	0.255	0.277	0.123	0.016	0.068
XII Península de Yucatán	0.031	1.201	0	0.454	0	0.152
XIII Valle de México	2.083	0.482	0.388	1.547	0.044	0.240
Total	36.830	19.553	3.306	6.256	5.028	1.591

FUENTE: CNA (2003a).

CUADRO 3. *Extracciones per capita en m³ por región (2001)*

Región administrativa		Agricultura	Urbano	km^3 Industria	Total	Población (millones)	m^3 per capita
I	Península de Baja California	3.7	0.3	0.2	4.3	3.06	1 400.3
II	Noroeste	5.0	1.0	0.0	6.0	2.40	2 505.4
III	Pacífico Norte	7.6	0.5	0.1	8.2	3.88	2 103.9
IV	Balsas	5.2	0.7	3.4	9.3	10.26	909.2
V	Pacífico Sur	1.2	0.3	0.0	1.5	4.02	366.4
VI	Río Bravo	6.1	0.7	0.3	7.1	9.73	726.7
VII	Cuencas centrales del norte	5.9	0.3	0.1	6.3	3.83	1 650.4
VIII	Lerma-Santiago-Pacífico	11.6	1.9	0.3	13.8	19.42	711.4
IX	Golfo Norte	3.6	0.4	0.2	4.2	4.79	873.9
X	Golfo Centro	1.6	0.7	1.4	3.7	9.30	401.4
XI	Frontera Sur	1.1	0.4	0.1	1.6	6.03	257.5
XII	Península de Yucatán	1.2	0.4	0.2	1.8	3.35	532.5
XIII	Valle de México	2.6	1.9	0.3	4.8	20.07	238.4
	Total	56.4	9.5	6.6	72.5	100.14	724.1

FUENTE: CNA (2003a).

la región XII, donde sus características específicas de suelo los obligan a tomar agua principalmente de sus fuentes subterráneas.

Los usuarios agrícolas son suministrados principalmente de agua superficial (65%). Del total nacional del agua utilizada para la industria, la región IV Balsas toma 52%; de este total 96% proviene de fuentes superficiales. Descartando esta región, la fuente de origen entre agua superficial y subterránea para la industria es bastante similar, 1.77km^3 de agua superficial, 1.45km^3 de subterránea. En relación con el uso urbano las regiones mayormente demandantes de agua son las regiones VIII y XIII. La ciudad de México se ubica en esta última. Estas dos regiones extraen 47% del agua urbana total de origen subterráneo.

Este análisis del agua en México no refleja los problemas que afectan a un importante número de acuíferos y cuencas. Por ejemplo, la eficiencia promedio del uso de agua en riego es alrededor de 46%, y en relación con la extracción total de agua para suministro público, las pérdidas en distribución varían entre 30 y 50% (CNA, 2000). En la actualidad, los saldos regionales de agua muestran déficit considerables en más de la mitad del territorio (mapa 1). Ciertamente, la presencia de un mayor número de cuerpos de agua contaminados disminuye la posibilidad de aprovechamiento de diversos ríos y cuerpos de agua. Del total de cuerpos de agua superficiales, en diciembre de 2001, únicamente 26% fue clasificado como no contaminado o con una aceptable calidad. El 51% fue considerado como poco contaminado, 16% contaminado y 6% con una alta contaminación. Los cuerpos de agua restantes tienen presencia tóxica (CNA, 2003a).

II. MARCO INSTITUCIONAL, LEGAL Y ECONÓMICO DEL AGUA[2]

1. *Instituciones del agua*

Las políticas del agua que actualmente se aplican tienen sus raíces en la declaración fundamental de la Constitución de 1917, en la que se establece que el recurso es propiedad de la nación y que sólo puede ser utilizada mediante la adecuada autorización por parte de la autoridad federal correspondiente. Desde 1946 la administración del agua ha estado bajo una autoridad única. En los pasados ochenta años han surgido una serie de leyes, reglamentos e instituciones para defi-

---

[2] Esta sección fue tomada de Guerrero García Rojas (2005).

nir el ámbito de la intervención del gobierno, así como los derechos y obligaciones de los individuos y organizaciones, públicas o privadas, que deseen utilizar el agua nacional.

Las políticas y el manejo del agua en México se han realizado tradicionalmente "de arriba abajo" y de manera centralizada por el gobierno provenientes de la ciudad de México.[3] Sin embargo, se han instrumentado una serie de esfuerzos de descentralización. Desde 1983 los municipios están a cargo del servicio de suministro público de agua, así como también de la recolección de aguas residuales y de su subsiguiente tratamiento. Desde entonces, se ha promovido la creación de empresas de agua (organismos operadores), para separar estas actividades de otras que son realizadas por los municipios. La creación y consolidación de organismos operadores de agua apoya en gran medida a las autoridades locales en el manejo del agua. En la mayoría de los casos, los organismos operadores del agua presentan un mal funcionamiento y necesitan mejorarse en gran medida para alcanzar la suficiencia económica y técnica. El capítulo 4 de estas Lecturas presenta una evaluación de los costos incurridos por los organismos operadores para el suministro de agua potable, así como el comportamiento financiero de estos organismos operadores.

El papel del gobierno de los estados en el sector agua está esencialmente restringido a regular los servicios públicos de suministro de agua y de saneamiento, y en algunos casos para apoyar a municipios con bajo rendimiento técnico y económico. La legislación del estado, la cual regula la participación del sector privado y social en la industria del agua, establece las bases para la creación de organismos operadores de agua y fija las reglas para determinar las tarifas de agua. El gobierno federal ha promovido cambios en las leyes estatales para impulsar la participación de los gobiernos estatales en todas las actividades del sector agua y no sólo en el suministro público de agua y servicios sanitarios; sin embargo, sólo unos cuantos estados han cambiado sus leyes.

En 1982 fue establecida la Ley Federal de Derechos en Materia de Agua. Desde 1989, con la creación de la Comisión Nacional del Agua (Conagua), esta ley es ajustada anualmente para responder a los nuevos requerimientos del sector. En 1994 la Conagua fue reasignada funcionalmente de la Secretaría de Agricultura a la entonces recién

---

[3] La administración política en México está organizada al nivel superior por el gobierno federal, por los gobiernos estatales (31) y por último el gobierno municipal.

creada Secretaría del Medio Ambiente y Recursos Naturales (Semarnat). La Conagua es un organismo federal autónomo a cargo de definir las políticas de agua, otorgar permisos de extracción de agua y descarga de agua residual y establecer normas nacionales para el uso del agua integrando planes maestros de agua tanto nacionales como regionales. La Ley de Aguas Nacionales (LAN), aprobada en enero de 1994, proporciona un marco regulatorio para el manejo del agua. Refuerza el establecimiento institucional del manejo del agua, fortaleciendo el papel de la Conagua como la única autoridad del agua del país, a cargo de manejar el recurso, tanto en calidad como en cantidad. La Ley promueve la descentralización, participación de inversionistas, mayor control en las extracciones de agua, así como en las descargas de aguas residuales, uso eficiente del agua, mayor participación del sector privado y el establecimiento de instrumentos económicos y políticas fiscales relacionadas con recabar gravámenes de agua tanto para su uso como para el control de contaminación.

En México la nueva estructura para la concesión y asignación de derechos de agua recae en el uso combinado de instrumentos regulatorios y económicos o incentivos, los cuales están incluidos en la LAN y en otras leyes fiscales relacionadas. De acuerdo con el nuevo marco legal, derivado de la LAN, el manejo del agua ahora recae en dos principios básicos: i) se necesita una licencia o concesión para todos, públicos o privados, para utilizar las aguas de la nación y se requiere un permiso subsiguiente para descargar agua residual en los ríos o en cualquier cuerpo de agua o terreno, y ii) los que se benefician de la extracción del agua o los que utilizan los cursos de agua para deshacerse de aguas residuales tienen que contribuir al manejo y desarrollo del recurso, y a la restauración y mejoramiento en proporción a su consumo o a la cantidad y características del agua que descargan. Entonces, de ese modo, conceder derechos de agua (concesiones para el uso del agua) y distribuir permisos de descarga están claramente regulados, ya que los derechos y obligaciones legales están bien definidos. La trasmisión de derechos de agua también está permitida y regulada.

El Registro Público de Derechos de Agua (Repda) fue creado para asegurar la certeza legal de derechos de agua, para resolver problemas asociados con efectos a terceras partes y para proporcionar el flujo de información necesaria para que operen los "mercados regulados de agua". La Conagua está facultada para actuar como árbitro y conciliador en la resolución de conflictos, para establecer reservas de agua y para distribuir el recurso por medio de la solicitud de derechos de agua. En 2001 hubo una estimación de 437 mil usuarios de agua (CNA, 2003a). A través del Repda, la mayor parte de los usuarios existentes, retiros de agua y descargas de contaminantes han sido regularizados (97.5% de los usuarios de agua han sido registrados hasta diciembre de 2001). Se continúa dedicando grandes esfuerzos al registro de todos los usuarios y de los montos de agua que extraen.

La LAN permite la transferencia de derechos de agua de un usuario a otro. Sin embargo, el hecho de que algunos usuarios no estén registrados ha retrasado la operación de los mercados de agua. La mayoría de las transacciones de los derechos de agua es efectuada con base en cada año. Los trabajos preliminares para el cumplimiento de un nuevo sistema de derechos de agua por medio de concesiones y permisos de descarga fueron completados en 1994, aunque el proceso de reorganizar los derechos de agua sigue aún en proceso.

En relación con los cambios de "instituciones" relacionadas con el uso del recurso agua, la concesión de derechos de agua en el sector agrícola también ha cambiado. Actualmente la concesión puede adoptar una de las cuatro modalidades siguientes: *i*) derechos de agua establecidos mediante concesiones a particulares para el uso y explotación de recursos hídricos con propósitos agrícolas o a empresas para la administración y operación de sistemas de riego o el uso compartido y explotación de fuentes comunes de agua con propósitos agrícolas; *ii*) derechos de agua establecidos a ejidos y comunidades rurales en coordinación con disposiciones legales provenientes de la nueva Ley Agraria; *iii*) derechos de agua establecidos para unidades de riego, como las define la ley de agua previa, y *iv*) derechos de agua para sistemas públicos de riego.

En 1989 el gobierno federal inició la transferencia de actividades relacionadas con la operación y mantenimiento de los distritos de riego a las asociaciones de usuarios. El Programa de Transferencia de los Distritos de Riego establece nuevos modos de organización y representación de usuarios. Las asociaciones de usuarios de agua son organizaciones cuya función principal es la operación, mantenimiento y manejo de la infraestructura de riego. Pueden ser establecidos como asociaciones civiles y se les otorgan ciertos privilegios fiscales. La junta de directores de estas asociaciones es seleccionada por la asamblea, la cual esta compuesta por los usuarios de agua de los módulos de riego en los distritos o unidades de riego.

La Comisión Nacional del Agua concede los derechos de agua en términos de volumen para distritos de riego. En esos distritos de riego, donde el manejo ha sido transferido a los usuarios, la concesión que distribuye los derechos de agua está acompañada de una concesión para administrar la infraestructura pública correspondiente. Los usuarios de agua se organizan en asociaciones, una para cada módulo de riego, como lo define la Conagua. La concesión del agua (derechos de agua) otorgada por el gobierno a los distritos de riego, es parte de un acuerdo general entre el gobierno y cada módulo. Como tales, los usuarios de agua no tienen derechos individuales de agua, pero en cambio cada asociación tiene un derecho proporcional (la proporción está basada en el área) al suministro de agua (normalmente el suministro de superficie estimado) disponible para el distrito en cualquier temporada dada. Los miembros de un módulo tienen el derecho de utilizar una proporción del volumen destinado a ello y de acuerdo con su área registrada. Las concesiones son otorgadas durante un marco fijo de tiempo de 5 a 50 años, y pueden ser retiradas si una asociación no cumple su acuerdo con el gobierno. Las concesiones no son por un volumen fijo de agua sino por la utilización de una proporción del suministro disponible de agua. Por tanto, las asociaciones no tienen una proporción volumétrica fija de derecho de agua.

La Conagua tiene la autoridad de resolver cualquier conflicto que pueda originarse en relación con derechos individuales de agua o con los derechos volumétricos de agua designados a los módulos. Los derechos de agua pueden ser transferidos dentro de cada módulo de acuerdo con los reglamentos aprobados por la Comisión. La transferencia de derechos de agua entre módulos está sujeta a los reglamentos establecidos para el distrito de riego como un todo. La transferencia de derechos de agua fuera del distrito de riego puede realizarse únicamente con una autorización previa de la Conagua.

En diciembre 2005 se habían transferido 86 distritos de riego para una superficie total de 3.5 millones de hectáreas, cubriendo 99% del total del área regada en los distritos de riego (CNA, 2066b), quedando 3 distritos que no han sido transferidos en su totalidad. La transferencia de los distritos de riego a las asociaciones de usuarios de agua asegura una mayor participación de usuarios agrícolas en el manejo del agua y reduce de manera gradual los subsidios económicos del gobierno a este sector. Este programa es una novedad y ha sido tomado como referencia mundialmente (Johnson III, 1997).

2. Consejos de cuenca y organismos de cuenca

Organizar el manejo del agua desde un enfoque de cuenca obedece a la lógica de tener en consideración las características naturales de los flujos de agua, ya que éstos no respetan límites administrativos. Hasta 1998, el agua era administrada en México utilizando límites "políticos". El término "político" se utiliza ya que, administrativamente, las oficinas de la Conagua fueron delimitadas a partir de la división política mexicana, esto es, por estados. El mapa 4 muestra las seis oficinas regionales que en 1989 la Conagua utilizó para administrar el agua.

MAPA 4. *Oficinas regionales en 1989 (Conagua)*

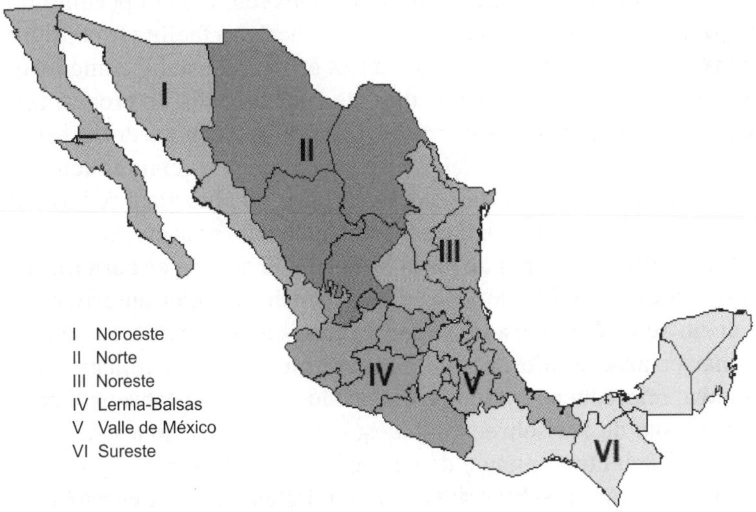

I Noroeste
II Norte
III Noreste
IV Lerma-Balsas
V Valle de México
VI Sureste

FUENTE: Comisión Nacional del Agua y Servicio Meteorológico Nacional.

Estos límites fueron cambiados en mayo de 1998, cuando un nuevo número, ubicación y límites de las oficinas regionales de la Conagua fueron publicados. Las ubicaciones y límites fueron actualizados en enero de 1999 (CNA, 1999). Los nuevos límites fueron definidos con criterios hidrológicos, dando lugar a una nueva organización en el manejo del agua en México. Según este criterio, el país está dividido en 13 regiones administrativas hidrográficas y en cada una de las regiones se ha establecido una oficina de la Conagua. Entonces, las oficinas regionales de la Conagua trabajan con un enfoque de cuenca (parteaguas), en el que cada una de las regiones está compuesta de una o más subcuencas o microcuencas (véase mapa 3). Las oficinas regionales de la Conagua son responsables de conducir la mayor parte de las tareas de manejo, mientras que sus oficinas centrales son responsables de establecer lineamientos y estándares generales.

A partir de la creación de los consejos de cuenca la LAN visualiza y promueve la participación de inversionista en el sector agua. Los consejos son foros donde los gobiernos municipales, estatales y federal, así como los usuarios del agua y otros inversionistas pueden compartir la responsabilidad de planear y manejar los recursos hídricos de la cuenca. La planeación y coordinación de la cuenca está garantizada por la nueva organización de la Conagua, la cual permite una mejor interacción con los inversionistas locales y facilita la coordinación con los consejos de cuenca. La LAN ordena el establecimiento del consejo de la cuenca, para facilitar la coordinación de programas y políticas hidráulicas con los tres estratos de gobierno: federal, estatal y municipal. La LAN es también un marco para propiciar los acuerdos de estrategias, programas y acciones entre la autoridad federal del agua y los usuarios del agua, así como con actores sociales.

El objetivo principal de los consejos de la cuenca es garantizar el desarrollo sostenible de los recursos hídricos según un criterio de manejo de agua integrado. Posee organizaciones auxiliares que funcionan en niveles diferentes, desde el punto de vista hidrológico: subcuenca, microcuenca y acuífero. Para los acuíferos sobreexplotados o en riesgo de ser sobreexplotados, estas organizaciones se llaman respectivamente Comisión de Cuenca, Comité de Cuenca y Comités Técnicos de Agua Subterránea (Cotas). Estos tres niveles están subordinados al Consejo de Cuenca y están sustentados en el permiso que la LAN da a la Conagua para promover la organización de los usuarios por región, estados, cuencas y acuíferos para participar en los programas hidráulicos.

El área de influencia del Consejo de la Cuenca es una cuenca de primer orden o macrocuenca. La Comisión de Cuenca considera la participación del usuario en una cuenca de segundo orden o subcuenca. Entonces, las organizaciones pueden estar asociadas como se muestra en el cuadro 4 (los números entre paréntesis en la columna de organización son el total de consejos, comisiones o comités establecidos hasta mayo 2006; CNA, 2006). El papel del Consejo de la Cuenca es me-

CUADRO 4. *Organizaciones auxiliares en una cuenca*

Organización	Nivel hidrográfico
Consejos de Cuenca (26)	Macrocuenca
Comisiones de Cuenca (16)	Subcuenca
Comités de Cuenca (19)	Microcuenca
Comités Técnicos de Agua Subterránea (71)	Acuífero

FUENTE: Elaboración propia.

jorar el manejo del agua y promover el desarrollo de la infraestructura hidráulica, así como la conservacion del recurso agua al interior de la cuenca.

En abril de 2004 el Congreso aprobó un proyecto de ley para promover, entre otras cosas, el fortalecimiento de los consejos de cuenca. En particular, el proyecto de ley tiene dos ámbitos relacionados con el manejo del agua de la cuenca: *i)* crear un nuevo cuerpo gubernamental, llamado Organismo de Cuencas, y *ii)* conferir nuevas asignaciones a los consejos de cuenca (*Diario Oficial de la Federación*, 2004). Antes de la existencia de la LAN, la Conagua solía formular la política de agua y los planes de un modo centralizado. Ahora, la Conagua tendrá que organizar sus actividades tanto en lo nacional como en lo regional hidrológico-administrativo, este último por medio de sus organismos de cuenca.

El Organismo de Cuenca será descentralizado, adjunto al director general de la Conagua. Será la autoridad del agua y estará a cargo de la gestión integral del recurso hídrico en la cuenca. Su esfera de influencia son la cuenca hidrológica, regiones hidrológicas, así como las regiones administrativas-hidrológicas. Mientras que la Conagua está a cargo de trazar los límites de las fronteras geográficas, el Organismo de Cuenca sancionará, en congruencia con la política nacional de agua, la política regional del agua para cada una de sus cuencas hidrológicas.

En resumen, por medio de la Ley de Aguas Nacionales y sus reglamentos, la Conagua transfiere muchas de sus responsabilidades y actividades a esta nueva figura gubernamental, el Organismo de Cuenca, de manera que los recursos hídricos puedan ser manejados desde un contexto hidrológico descentralizado real.

3. *Marco económico*

Alrededor del mundo se han utilizado diferentes instrumentos económicos para promover un uso eficiente del agua. Los más comúnmente recurridos son impuestos, subsidios, aranceles y cuotas. La efectividad que cualquiera de ellos pudiera generar depende del contexto político y económico en el que son aplicados. Tomando los precios como reflejo de escasez, el precio del agua ha sido utilizado como la base económica para un uso productivo eficiente del recurso. Sin embargo el agua posee externalidades, lo que implica que el precio privado no refleja forzosamente su valor social. Por ejemplo, así como es un insumo para la producción, el agua posee funciones ecológicas y recreativas que son valoradas por la sociedad. Además, la contaminación del agua provocada por usuarios privados genera externalidades. Todo esto debe estar reflejado en el precio del agua, y esto no se aplica en México.

Las tarifas de agua y la eficiencia comercial de las empresas de agua (organismos operadores) en México son muy bajas; por lo que, tanto el gobierno federal, como los gobiernos estatales y municipales proporcionan apoyo financiero. Las cuotas actuales no son suficientes para cubrir los costos de la operación de mantenimiento de los organismos operadores. Las tarifas tendrían que incrementarse al menos 100% para poder promover empresas de agua (organismos operadores) autofinanciables. Esta situación es crítica en áreas rurales donde los subsidios estatales y federales deben cubrir todos los costos del servicio.

En relación con el sector agrícola, los usuarios de agua de riego no pagan siquiera los cargos de extracción. Esta situación ha sido la causa de intensas discusiones, ya que, excluyendo la energía hidráulica, la agricultura de riego realiza la mayor extracción y consumo de agua. El conflicto va más allá de la racionalidad económica; tiene relación con consideraciones sociales y políticas. Sin embargo, las políticas gubernamentales han sido adaptadas para introducir eficiencia en la utilización de agua para riego por medio del Programa de Transferencia de los Distritos de Riego.

Transferir el manejo de los distritos de riego a los usuarios fue previsto como la estrategia apropiada para crear una relación diferente entre el gobierno y los usuarios de agua. El Programa de Transferencia de los Distritos de Riego aplicado en México fue elaborado primeramente para asegurar que las asociaciones de usuarios de agua tuvieran los recursos financieros adecuados para ser autosuficientes; esto significó que las cuotas de riego o tarifas de agua tuvieran que alcanzar un nivel en el que el costo de operación, administración y mantenimiento (OAM) para cada módulo fueron cubiertos.

En congruencia con la política de hacer a los distritos de riego más sostenibles financieramente, fue reconocido que el usuario debería pagar el costo real de OAM en que incurre el distrito. La idea general de la transferencia era eliminar la burocracia, reducir los costos y hacer que dichos costos se pagaran por los usuarios en proporción de los beneficios que ellos reciben. Los distritos de riego avanzarían, según esta estrategia, rápidamente hacia una autosuficiencia financiera. En realidad, en el centro de las negociaciones entre la Conagua y los usuarios de agua para propósitos agrícolas fue el prerrequisito de traer tarifas de servicio hasta la autosuficiencia, por lo menos, para recuperar completamente los costos de operación y mantenimiento. En consecuencia, las cuotas de agua para riego se incrementaron en la mayoría de los distritos de riego. Al alcanzar la autosuficiencia financiera, la transferencia del manejo continúa. Las tarifas de agua son determinadas para cada módulo por la asociación de usuarios de agua respectiva.

Probablemente el aspecto más relevante en la reforma de las tarifas de agua dentro del sector agrícola está relacionado con las cuotas de extracción y en cierta medida con el establecimiento de cuotas de contaminación. Según las leyes fiscales existentes, ningún usuario está exento de pagar cuotas por extracción, incluyendo al usuario agrícola. Hoy en día la tarifa correspondiente para usuarios de agua con destino agrícola está fijada en 0. Esto es importante, ya que no se requiere grandes modificaciones legales. El Congreso nacional establece cuotas de extracción de agua anualmente, y es en este campo donde el asunto tendrá que ser discutido y resuelto.

4. *Estructura del precio del agua*

Antes de 1986, cuando la Ley de Aguas fue modificada considerablemente, el sistema de precios utilizó el mismo precio fijo por metro cúbico en todo el país. Después de ese año el sistema de precios del agua en México incorpora dos tipos de tarifas. Una es un precio fijo por metro cúbico de agua utilizada, diferenciado por zona de disponibilidad de agua. El otro sistema es una estructura de tarifa en bloque creciente. Desde 1986 las tarifas de agua son determinadas como una función de la disponibilidad del agua.

Las cuotas fueron establecidas teniendo en cuenta la heterogeneidad regional de la disponibilidad del agua. En 1996, cuatro zonas de disponibilidad fueron definidas y aplicadas, esto desde un punto de vista hidrológico: zona 1, donde el agua es escasa en relación con la demanda; zona 2, donde el suministro y la demanda tienen un equilibrio a corto plazo; zona 3, donde el suministro es suficiente para satisfacer la demanda a mediano plazo, y zona 4, donde el agua está en abundancia para un futuro indefinido. También fueron definidos cuatro usos principales del agua: riego, generación hidroeléctrica, urbana (potable) e industrial. El sector industrial tiene la carga más alta, seguido por el uso urbano, el agua para riego y finalmente la cuota más baja es para la generación hidroeléctrica. El monto de las tarifas es asignado en función de las zonas antes mencionadas y al tipo de usuario.

En principio, y como se dijo líneas arriba, los métodos utilizados para fijar los precios combinan tanto una ponderación en relación con la disponibilidad de agua y otro en relación con el tipo de usuario, pero no se descarta la posibilidad de que se agreguen algunas consideraciones políticas. Basadas en las cuatro zonas y los cuatro tipos de usuarios, existen al menos 16 tarifas diferentes para el uso del agua. Además, cada municipio tiene la opción de definir sus propias tarifas más allá del primer bloque. El cuadro 5 presenta ejemplos de cómo el esquema de tarifas descrito líneas arriba es aplicado en las cuatro zonas y para los usos industriales y urbano.

CUADRO 5. *Tarifas de agua por tipo de uso*

Zonas de disponibilidad	Características	Industria (pesos/m^3)	Urbano (pesos/m^3)
1	Escasa	1.30	0.060
2	Equilibrio	.90	0.028
3	Suficiente	.32	0.014
4	Abundante	.24	0.007

FUENTE: Guerrero García Rojas y Howe (2000). Las cuotas son "Ley Federal de Derechos en Materia de Agua", Comisión Nacional del Agua (1993).

Las tarifas de agua son por tanto determinadas en función de la disponibilidad de agua zonal. Sin embargo, las diferencias en los precios del agua de acuerdo con su uso se basan en los principios de equidad y subsidio. Entonces, el usuario de agua urbana (doméstica) tiene que pagar el mínimo dada su poca productividad y el usuario industrial debe pagar más debido al valor agregado del producto generado a partir del uso del agua y su productividad (Comisión del Plan Nacional Hidráulico, 1980). El usuario de agua industrial ha sufrido el mayor efecto en la nueva estructura del precio del agua. En relación con el uso urbano, en la mayoría de los casos los montos de las cuotas del agua se determinan según una estructura de bloque con precios en aumento que intentan recuperar costos de operación y mantenimiento de los organismos operadores (empresas de agua).

En cuanto el agua de riego, los campesinos pagan el costo de OAM en términos del área regada, basados en el consumo de agua de la cosecha que está siendo cultivada. Como se mencionó, los distritos de riego han sido transferidos a los usuarios, y un cambio reciente en la ley del agua permite la transferencia de derechos de agua. El precio del agua para riego intenta generar un uso eficiente del agua en zonas de escasez (el monto de la tarifa depende de las características hidrológicas regionales). Además, intenta cubrir el sistema de costos, incluyendo la inversión en estructuras hidráulicas (presas, canales, etc.) y costos de OAM.

Desde 1989, y debido a la política de la Conagua de promover un uso eficiente del recurso, las tarifas se han incrementado considerablemente. Además, durante 1997 la Conagua aumentó el número de zonas de disponibilidad de agua, las cuales fueron previamente definidas desde el punto de vista hidrológico basados en inquietudes administrativas (comparar cuadro 6 con cuadro 5). El cambio es que la zona 1 —la de escasez— ahora tiene 6 zonas, debido a un número de dificultades prácticas en el manejo de mecanismos de pago de derechos de agua. Las otras zonas (7-9) conservan las condiciones como fueron definidas en 1986. Finalmente, al actualizar cada año los montos de los derechos de uso del agua, así como el catálogo de la ubica-

CUADRO 6. *Derechos de agua para uso urbano e industrial (primer semestre, 2003)*[a]

Zona de disponibilidad	Industria (pesos/m^3)	Urbano (pesos/m^3)
1 Escasa	14.1086	0.2795
2	11.2865	✓
3	9.4053	✓
4	7.7596	✓
5	6.1133	✓
6	5.5251	✓
7 Equilibrio	4.1587	0.1302
8 Suficiente	1.4776	0.0650
9 Abundante	1.1073	0.0324

FUENTE: CNA (2003b)
[a] Cuotas en valores corrientes

MAPA 5. *Cuenca Río Bravo. Cobertura y proporción*
de estados que abarca

(Porcentaje)

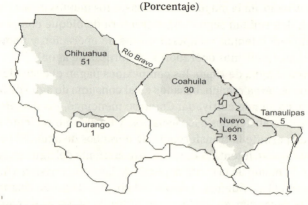

FUENTE: IMTA (2000).

ción del municipio por zona de disponibilidad de agua, la Conagua intenta eliminar el subsidio en el uso del recurso agua.

No obstante que los desafíos que llevan a una utilización eficiente y sostenible del agua permanecen en México, el manejo del agua actualmente se realiza de manera más eficiente que hace 20 años. Ahora, los derechos de uso y explotación del recurso reflejan más de cerca la escasez del agua, así como sus costos de abastecimiento. Aunque ciertamente no incluyen la totalidad de éstos.

III. LA CUENCA DEL RÍO BRAVO[4]

El análisis presentado en esta sección considera, como ejercicio de aplicación, a la región VI —Río Bravo—, según la clasificación de la Conagua (mapa 3), por lo que, a manera de introducción, esta sección se dedica a ofrecer una breve descripción de dicha región administrativa, sus estadísticas más relevantes respecto al uso y usuarios del agua.

La región VI —Río Bravo— es la más grande de las regiones de la Comisión Nacional del Agua. La cuenca del Río Bravo (CRB) está ubicada al norte del Trópico de Cáncer y abarca 376 673 km^2 y 141 municipios en los estados de Tamaulipas, Nuevo León, Coahuila, Chihuahua y Durango (mapa 5). La precipitación promedio anual en la

---

[4] Guerrero García Rojas (2005), Banco Mundial (2005) y FAO (2005).

Mapa 6. *Subregiones de la cuenca del Río Bravo*

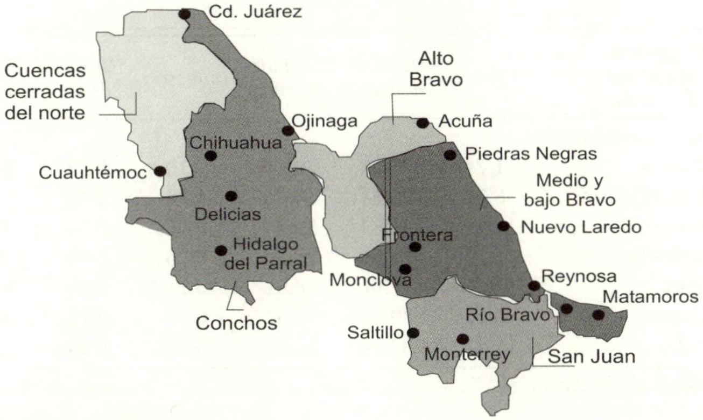

Fuente: IMTA (2000).

CRB es justo 52% de la precipitación total de México y su promedio por disponibilidad *per capita* de agua es de sólo 29% del total de la nación (sin embargo, la extracción de agua *per capita* es la misma que el promedio nacional, cuadro 3).

La CRB posee 9.3 millones de habitantes en 121 ciudades y en 19 621 comunidades rurales (Conapo, 2000). El producto bruto de la cuenca representa el 12% del producto interno bruto de México. La participación de los sectores económicos de la CRB son: 47% para servicios, 37% para manufactura, 9% para agricultura y pesca (el 7% restante no está especificado por la fuente: CNA, 2003c).

El uso principal del agua en la CRB es para propósitos de riego agrícola, ya que cubre más de 86% de la demanda del agua. Sigue el uso urbano (11%) y el uso para la industria, la ganadería y para propósitos hidroeléctricos es menor a 3% (cuadro 7). Los principales usuarios municipales del agua en la CRB son las ciudades de Monterrey y San Nicolás de los Garza (en el estado de Nuevo León); Monclova y Saltillo (Coahuila); Juárez y Chihuahua (Chihuahua), y Reynosa y Matamoros (Tamaulipas). El principal usuario industrial de agua en la CRB es la industria básica del metal, seguida por la manufactura química. El mapa 6 muestra las cinco subregiones de la cuenca del Río Bravo.

La CRB es un gran usuario de agua para riego en la producción agrícola. Como en otras regiones, los campesinos en la cuenca están agrupados en distritos de riego (DR) o en unidades de riego (UR). Las

CUADRO 7. *Usos del agua a nivel de subregión de la* CRB

(Porcentaje)

Subregiones de la cuenca del Río Bravo	Urbano	Distritos de riego	Unidades de riego	Industria	Gana-dería	Hidro-eléctrica
Cuencas cerradas del Norte	1.74	27.23	70.21	0.10	0.72	0.00
Conchos-Mapimi	8.37	35.64	54.84	0.28	0.49	0.38
Alto Bravo	11.48	34.34	50.84	0.00	3.34	0.00
Medio Bravo	6.72	11.36	79.56	0.15	0.61	1.60
San Juan	32.06	5.38	58.01	3.16	0.68	0.71
Bajo Bravo	8.13	89.62	1.57	0.03	0.10	0.53
Promedio	11.42	33.93	52.50	0.62	0.99	0.54

FUENTE: CNA (2003c).

CUADRO 8. *Distritos de riesgo* (DR) *y área regada* (CRB)

Subregiones de la cuenca del Río Bravo	Distrito de riesgo	Estado	Área regada (ha)
Cuencas cerradas del Norte	042 Buenaventura	Chihuahua	5 329
	089 El Carmen	Chihuahua	3 653
Conchos-Mapimí	005 Delicias	Chihuahua	44 910
	009 Valle de Juárez	Chihuahua	12 418
	090 Bajo Río Conchos	Chihuahua	3 664
	103 Río Florido	Chihuahua Durango	3 826
Alto Bravo	006 Palestina (parcial)	Coahuila	930
Medio Bravo	004 Don Martín	Coahuila Nuevo León	15 844
	006 Palestina (parcial)	Coahuila	2 944
	050 Acuña-Falcón	Tamaulipas	1 260
	026 Bajo Río San Juan (parcial)	Tamaulipas	2 032
San Juan	031 Las Lajas	Nuevo León	2 381
	026 Bajo Río San Juan (parcial)	Tamaulipas	4 624
Bajo Bravo	025 Bajo Río Bravo	Tamaulipas	111 637
	026 Bajo Río San Juan (parcial)	Tamaulipas	24 564
	Total		240 016

FUENTE: CNA (2003c).

CUADRO 9. *Distritos de riego y área regada
por subregiones*, CRB

Subregiones de la cuenca del Río Bravo	Distritos de riego	Área regada (ha)
Cuencas cerradas del norte	994	67 972
Conchos-Mapimí	1 251	108 824
Alto Bravo	23	2 400
Medio Bravo	835	144 052
San Juan	1 266	108 278
Bajo Bravo	144	13 587
Total	4 513	445 113

FUENTE: CNA (2003c)

instalaciones de agua de las UR son privadas y los campesinos de esas unidades pagan a la Conagua para tener acceso al agua que utilizan para riego (el monto de estas cuotas es equivalente al pagado por los campesinos de los DR (véase Ortiz, 2001). Esta cuenca esta conformada por 12 DR y 4 513 UR, con un área regada total de 685 129 ha. Los DR abarcan 240 016 ha y las UR, 445 113 ha (CNA, 2003c). Las proporciones, total y subregional, de la demanda de agua de los DR y UR se muestran en el cuadro 7. Además, en los cuadros 8 y 9 se despliegan la distribución de DR y su área correspondiente de riego en las seis subregiones de la CRB.

Debido a las fluctuaciones y reducción en la disponibilidad del agua de riego durante 1989-1998, los DR tuvieron que limitar constantemente su área de riego de 8-50% en la cuenca baja y media (bajo y medio Río Bravo) y 60-65% en la cuenca superior durante ese periodo. Las UR en ambas subregiones no tuvieron que reducir su área sembrada.

En actividades de riego los DR utilizan principalmente agua superficial y las UR agua subterránea. En general, el programa de riego para diferentes cultivos en DR sigue el mismo esquema, definido para asegurar el riego para producir granos (principalmente maíz y sorgo). Por tanto, otros cultivos que utilizan agua superficial deben regarse de acuerdo con ese esquema general. Esto puede explicar la relativa inflexibilidad del sector agrícola de riego para ajustarse a las variables condiciones climáticas y disponibilidad del agua a lo largo de los años. Enfrentados a esta limitación, los campesinos suelen responder a la reducida disponibilidad de agua disminuyendo el área sembrada.

El esquema de distribución de agua basado en los requerimientos de agua para producir granos también puede explicar por qué, al contrario de las expectativas, los campesinos mexicanos con riego no han sustituido, de manera significativa, granos por hortalizas después de más de diez años de la aplicación del Tratado de Libre Comercio (TLC). Se esperaba que tanto la reducción de los precios de los granos en México y la extensión para los campesinos mexicanos para el acceso al mercado de hortalizas de los Estados Unidos producido por el TLC llevaría a una sustitución de granos por cosechas competitivas como hortalizas (Yúnez y Barceinas, 2004).

Se puede estimar de manera burda la pérdida económica (sólo en términos del valor agregado perdido) de la cuenca por tener que limitar el área sembrada debido a la reducción de la disponibilidad del agua. Utilizando la reducción promedio en el área sembrada a partir de un informe de antecedentes de la FAO (2005), cuadros 2 y 3, la reducción estimada en el área regada en la CRB baja y media fue de 220 mil ha y 72 400 ha en la CRB alta. En el supuesto de que ambas subregiones poseen el mismo patrón de cultivo que las siembras marginales a reducir son granos de primavera-verano, y basados en la cifra de valor agregado presentadas en Banco Mundial (2005) de 220-500 pesos/ha para 2005, la pérdida promedio anual del valor agregado está entre 64.3 y 146.2 millones de pesos (6 a 14 millones de dólares). Estas pérdidas podrían ayudar a los responsables de la toma de decisiones a darse cuenta de la rentabilidad de invertir en riego mejorado para adaptarse a cambios en la disponibilidad del agua.

Como lo indica la FAO (2005) las reglas de distribución de agua son muy rígidas y están elaboradas para albergar principalmente sorgo y maíz. Las decisiones de los campesinos para otras siembras deben adaptar su programa de riego al establecido para los granos. Por ejemplo, el algodón posee un ciclo de riego totalmente diferente respecto al maíz y al sorgo. Entonces, el programa de riego obliga a los productores de algodón a reducir la cantidad de agua y el número de aplicaciones del agua, dando origen a rendimientos reducidos, o en casos en que el rendimiento reducido signifique pérdidas, sustituir sorgo por algodón. La producción de hortalizas es técnicamente no factible con el programa de riego de granos. En este caso, los campesinos utilizan agua subterránea, ya sea individual o colectivamente, para complementar el agua superficial. Por esto, cada campesino hace su propio programa de riego, originando aplicaciones subóptimas de agua e ineficiencias.

El informe de la FAO indica que en algunas zonas de la CRB, a pesar de condiciones de severa escasez de agua, la eficiencia de riego es muy baja. La modernización de sistemas de riego y la modificación de tecnologías están ahora realizándose. Aunque estas intervenciones pueden originar un incremento en la eficiencia del uso del agua, otro problema permanece. Más de 50% de la tierra regada en las porciones de la CRB revisadas por la FAO tienen propietario ausente y están rentadas. Un trabajo anterior indica una muy sólida relación entre propiedad y disponibilidad de invertir en mejoras de agua en una granja. Los arrendatarios estarán menos propensos a invertir en el manejo e infraestructura que los propietarios/operadores. Encontrar una fórmula de costo compartido que albergue a 50% de propietarios ausentes en la región permitirá reducir la aplicación de agua en promedio de 20 mil m³/ha en la región.

REFERENCIAS BIBLIOGRÁFICAS

Banco Mundial (2003), "Macro-Micro Feedback Links of Irrigation Water Management: An Interim Feasibility Report to Research Comité", Core team in collaboration with country teams.

—— (2005), "Mexico Economic Sector Work (ESW): Economic assessment of policy interventions in the water sector", Working Draft.

CNA (1993), *Ley Federal de Derechos de Materia de Agua, 1993*, México, Comisión Nacional del Agua.

—— (1999), *Compendio básico del agua en México*, México, Comisión Nacional del Agua.

—— (2000), *El agua en México: Retos y avances*, México, Comisión Nacional del Agua.

—— (2002), "Banco de datos e imágenes del Servicio Meteorológico Nacional", México, Comisión Nacional del Agua.

—— (2003a), *Estadísticas del agua en México, 2003*, México, Comisión Nacional del Agua (http:\\www.cna.gob.mx).

—— (2003b), "Ley Federal de Derechos en Materia de Agua: Primer Semestre 2003", México, Comisión Nacional del Agua.

—— (2003c), "Programa Hidráulico Regional 2002-2006: Región VI Río Bravo", México, Comisión Nacional del Agua.

—— (2004), 'Estadísticas del agua en México, 2004", México, Comisión Nacional del Agua, México (http:\\www.cna.gob.mx).

—— (2006a), "Estadísticas del agua en México, 2006", Comisión Nacional del Agua (http:\\www.cna.gob.mx).

—— (2006b), Sistema de Información Hidroagrícola de los Distritos de Riego. Subdirección General de Infraestructura Hidroagrícola. Gerencia de Distritos y Unidades de Riego. Comisión Nacional del Agua (http:\\www.cna.gob.mx).

CPNH (1980), "El sistema del precio del agua", México, Comisión del Plan Nacional Hidráulico, SARH.

DOF (2004), "Decreto por el que se reforman, adicionan y derogan diversas disposiciones de la Ley de Aguas Nacionales", México, *Diario Oficial de la Federación* (DOF), 29 de abril de 2004.

FAO (2005), "Identification and Study of Irrigated Farm Types in the Rio Bravo Basin", Background Paper – ESW, Banco Mundial.

Guerrero García Rojas, H. (2002), "Irrigation Water Pricing: The case of Mexico", presentado en la International Conference "Irrigation Water Policies: Micro and Macro Considerations Meeting", Agadir, 15-17 de junio (http:\\www.worldbank.org/ agadirconference), Marruecos.

—— (2005), "Industrial Water Demand in Mexico: Econometric Analysis and Implications for Water Management Policy", tesis doctoral, Université des Sciences Sociales, Toulouse I, Francia.

——, y Ch. W. Howe (2000), "Water Pricing in Mexico: Principles and Reality", Tenth Annual Conference, EAERE2000 (European Association of Environmental and Resources Economists), University of Crete, 29 de junio-2 de julio, Grecia.

IMTA (1999), "Prospectiva del uso del agua y disponibilidad del agua al año 2020", Informe Interno DP-9904, México, Instituto Mexicano de Tecnología del Agua.

—— (2000), "Uso regional del agua en la industria: Región administrativa Río Bravo (VI), región administrativa Lerma-Santiago Pacífico (VIII), Proyecto Interno DP-2013" (responsable: Ramón López H.), Jiutepec, Morelos.

—— (2003), "Zonas de disponibilidad según la Ley Federal de Derechos en materia de agua". Banco de Datos de la Subcoordinación de Tecnología Económica y Financiera del Agua. Responsable: Ramón Piña, México, Instituto Mexicano de Tecnología del Agua.

INE (2005), "Agriculture Demand for Groundwater in Mexico: Impact of Water Right Enforcement and Electricity User-fee on Groundwater Level and Quality", Draft Report-Background Paper ESW, Banco Mundial.

INEGI (1999), "I Censo de Captación, Tratamiento y Suministro de Agua", México, Instituto Nacional de Estadística, Geografía e Informática (http:\\www.inegi.gob.mx).

—— (2002), "Encuesta Nacional de Ingresos y Gastos de los Hogares", México, Instituto Nacional de Estadística, Geografía e Informática.

—— (2003), "Sistema de Cuentas Nacionales de México, información preeliminar", México, Instituto Nacional de Estadística, Geografía e Informática (http:\\www.inegi.gob.mx).

INEGI (2006), "Sistema de Cuentas Nacionales de México", México, Banco de Información Económica, Instituto Nacional de Estadística, Geografía e Informática.

Johnson III, S. H. (1997), "Irrigation Management Transfer in Mexico: A Strategy to Achieve Irrigation District Sustainability", Research Report 16, Colombo, Sri Lanka, International Irrigation Management Institute.

Ortiz, R. Gustavo (2001), *Administración del agua*, México, Instituto Mexicano de Tecnología del Agua..

Yúnez-Naude, A., y F. Barceinas Paredes (2004), "Agricultural Trade and NAFTA: The Case of Mexico", Kevin C. Kennedy (comp.), *The First Decade of NAFTA: The Future of Free Trade in North America*, Nueva York, Transnational Publishers, Inc.

3. LEGISLACIÓN, POLÍTICA DEL AGUA E INVERSIÓN PÚBLICA EN REGIONES INDÍGENAS

Patricia Ávila

INTRODUCCIÓN

EL PRESENTE estudio tiene como objetivo analizar el efecto de la inversión y las políticas públicas en la solución de los problemas de dotación de agua potable en regiones indígenas de México. La idea es evaluar su efectividad en el logro de las Metas de Desarrollo del Milenio: erradicar la pobreza extrema y garantizar la sostenibilidad ambiental por medio de mejorar el acceso al agua en calidad y cantidad adecuada en zonas urbanas y rurales pobres. Tres elementos centrales fueron considerados al seleccionar las regiones de estudio: *i*) sus altos niveles de pobreza y deficiente acceso al agua potable; *ii*) su ubicación en zonas de gran importancia hidrológica y ecológica, y *iii*) su condición étnica, ya que la mayoría de la población indígena es pobre y habita en territorios forestales y selvas. Como resultado, se definieron cinco casos: *i*) la región mazahua del Estado de México, *ii*) la región nahua de Tlaxcala, *iii*) la región mixteca de Puebla, *iv*) la región purépecha de Michoacán y *v*) la región tarahumara de Chihuahua.

Los primeros cuatro casos se ubican en la cuenca del Río Balsas y el último en la cuenca del Río Bravo. Ambas cuencas son consideradas por la Comisión Nacional del Agua (CNA) en situación de alta y muy alta presión hídrica, con base en los indicadores de las Naciones Unidas. La pertinencia del caso del Balsas es por su alta densidad demográfica y ser asiento de una diversidad de grupos indígenas, cuyos territorios se ubican en zonas de gran importancia hidrológica, ya que abastecen de agua a centros urbanos como la ciudad de México, Puebla, Tlaxcala, Cuernavaca, entre otros. En el caso del Río Bravo, la pertinencia está por su situación fronteriza con los Estados Unidos y por la concentración de población indígena en la sierra tarahumara de Chihuahua, donde nace uno de sus afluentes principales: el Río Conchos. Éste abastece a varios centros poblacionales y zonas de riego en el lado mexicano, y a su vez es el foco principal de controversia por la distribución de agua con los Estados Unidos.

CUADRO 1. *Información básica sobre la población indígena*

Concepto	Año 2000
Población total en México	97 483 412
Estimación global de la población indígena, Conapo-INI	12 707 000
Población indígena	10 253 627
Porcentaje	10.5
Población de cinco años y más hablante de lengua indígena	6 044 547
Porcentaje	7.1
Población no hablante de lengua indígena y estimada como indígena	4 209 080
Total de municipios de México	2 443
Total de municipios indígenas o con presencia de población indígena	871
Porcentaje	35.7
Municipios indígenas o con presencia de población indígena con grado de marginación "muy alto"	295
Porcentaje	33.9
Municipios indígenas o con presencia de población indígena con grado de marginación "alto"	363
Porcentaje	46.5
Municipios indígenas o con presencia de población indígena con grado de marginación "medio"	87
Porcentaje	10.0
Municipios indígenas o con presencia de población indígena con grado de marginación "bajo"	45
Porcentaje	5.2
Municipios indígenas o con presencia de población indígena con grado de marginación "muy bajo"	81
Porcentaje	9.3
Porcentaje de viviendas particulares habitadas por población indígena con agua entubada	64.0
Porcentaje de viviendas particulares habitadas por población indígena con electricidad	83.1
Porcentaje de viviendas particulares habitadas por población indígena con piso de tierra	43.7
Porcentaje de viviendas particulares habitadas por población indígena que cocinan con leña	62.4
Localidades con 40% y más de población indígena	
Porcentaje de la población ocupada que trabaja en el sector primario	56.8
Porcentaje de la población ocupada que no recibe ingresos por su trabajo	30.7
Porcentaje de la población ocupada que recibe de 1 a 2 salarios mínimos	22.2
Porcentaje de viviendas con piso de tierra	53.5
Porcentaje de viviendas que no disponen de agua entubada	42.3
Porcentaje de viviendas que no disponen de drenaje	73.0
Porcentaje de viviendas que no disponen de electricidad	20.7
Porcentaje de viviendas que no disponen de agua entubada, drenaje ni electricidad	13.0

FUENTE: Serrano *et al* (2002).

I. La cuestión indígena

Según Robles y Concheiro (2004) la población indígena de México se puede definir por los siguientes criterios: *i*) la diversidad de lenguas (62 vivas y cerca de 100 variantes y dialectos); *ii*) su magnitud (cercana a los 13 millones; véase cuadro 1); *iii*) sus estrategias de sobrevivencia (la agricultura su principal actividad productiva); *iv*) sus condiciones de pobreza y marginalidad en términos de educación, vivienda, ingreso y distribución de población (80.4% de los municipios indígenas tienen alta y muy alta marginalidad y 10% media; véase cuadro 1); *v*) la cantidad de superficie que poseen: los núcleos agrarios (ejidos y comunidades) con población indígena son dueños de 22 millones 624 mil hectáreas, y *vi*) sus recursos naturales que poseen: principalmente selvas (más de la mitad de los núcleos agrarios son indígenas) y bosques (alrededor del 35% son indígenas). Además, la población indígena es numéricamente la más grande de la América Latina y representa cerca de la cuarta parte de los indígenas del continente, y a nivel mundial ocupa el octavo lugar en cuanto a diversidad cultural.

Las estimaciones de la población indígena varían según los criterios considerados. El criterio oficial dominante es el lingüístico: población mayor de 5 años que habla lengua indígena, y según el censo de población y vivienda del 2000, la población era de 6 044 547 habitantes. No obstante, si se amplían los criterios llegaría a 12 707 000 habitantes [según fuentes oficiales como Comisión Nacional para el Desarrollo de los Pueblos Indígenas (CDI) y el Consejo Nacional de Población (Conapo)] y abarcaría 35% de los municipios (véase cuadro 1) y cerca de 20 mil localidades en el país.

Otro aspecto que le da especificidad a la población indígena es que forma parte de los grupos sociales más pobres y vulnerables del país. Por ejemplo, varios estudios acerca de la pobreza y marginación social como los del Conapo (*Índice de marginalidad en los municipios de México, 2000*) y de la CDI (*Indicadores socioeconómicos de los pueblos indígenas de México, 2000*) resaltan las difíciles condiciones en las que vive la población indígena (véase cuadro 1). Sus ingresos son de los más bajos del país por el tipo de actividades que realizan (producen para la subsistencia); su acceso y oportunidades a infraestructura y servicios públicos es también desigual; por ejemplo, el porcentaje de viviendas con cobertura de agua potable y electricidad está por debajo de la media nacional.

La presencia indígena es diferencial en el país; la mayor parte de la población se ubica en los estados de Campeche, Chiapas, Guerrero, Hidalgo, Oaxaca, Puebla, Quintana Roo, San Luis Potosí, Veracruz y Yucatán; en un nivel intermedio en los estados de Chihuahua, Distrito Federal, Durango, México, Michoacán, Morelos, Nayarit, Sonora y Tabasco, y en un nivel bajo en los estados de Aguascalientes, Baja California Sur, Nuevo León, Tamaulipas y Zacatecas. Como resultado la concentración de población indígena es mayor en los estados del centro, sur y sureste del país, y de manera focalizada se encuentra en algunas partes del occidente y noroeste del país.

De acuerdo con el Programa Nacional de Desarrollo de los Pueblos Indígenas 2001-2006 los territorios indígenas son estratégicos para el país por la disponibilidad de recursos naturales: representan cerca de la quinta parte de la superficie total y ocupan 28% de los bosques templados y 50% de las selvas que existen en propiedad social. Las principales presas hidroeléctricas del país se ubican en sus territorios y abastecen de agua a la población urbana y rural. También una extensión importante de las áreas naturales protegidas (por su alta biodiversidad e importancia ecológica) está en territorios indígenas.

Los núcleos agrarios (ejidos y comunidades) indígenas son 6 830 y la mayoría se ubica en los estados de Oaxaca, Veracruz, Yucatán, Chiapas, Hidalgo, San Luis Potosí, México, Campeche, Chihuahua, Michoacán y Tabasco. En estos núcleos la población indígena define colectivamente los diferentes usos y aprovechamientos de los recursos naturales ubicados en su territorio (agua, suelos, bosques). Como la mayoría de sus territorios se ubica en zonas selváticas (húmedas y caducifolias) y boscosas, algunos autores han señalado que la segregación de los pueblos indígenas se fue dando a partir de su expulsión desde las zonas bajas, con mejores condiciones para el desarrollo de la agricultura y ganadería, hacia las zonas altas (serranías) o de difícil acceso (selvas). Es lo que Aguirre Beltrán (1967) llamó "las zonas de refugio de la población indígena".

II. FUNDAMENTOS LEGALES SOBRE INDÍGENAS Y AGUA

La Constitución Política de México es la base jurídica para garantizar el derecho indígena y el aprovechamiento adecuado de los recursos naturales en el territorio nacional. No obstante, la legislación y políticas públicas relacionadas con el agua han pasado por alto el derecho indígena y los modos tradicionales de gestión social del agua y los recursos naturales asociados (bosques, suelo). Esto significa que los programas de las cuencas hidrológicas han sido planeados sin considerar la diversidad cultural y ecológica en los territorios indígenas; que la asignación de los derechos del agua no ha considerado la territorialidad y autonomías locales ni los usos y costumbres de los pueblos indígenas; que no ha habido participación de la población indígena en la toma de decisiones respecto a la gestión del agua, como son los consejos de cuenca.

De igual manera, las políticas públicas del agua en las regiones indígenas han sido de carácter asistencial, sin una visión de desarrollo que integre los aspectos socioculturales con los productivos y ambientales. Es decir, los pueblos indígenas están considerados como los grupos sociales más pobres y marginales del país y la política social se ha enfocado a reducir estos niveles: "Los indígenas constituyen un grupo al que debe otorgarse atención especial en el planteamiento de las políticas sociales. Se trata de una población cercana a 10 millones de personas, cuyos derechos han sido insuficientemente reconocidos y que han vivido en condiciones de marginación muy notables" (PEF, 2001). Sin embargo, en términos de políticas económicas y productivas no han sido actores centrales en el proceso de desarrollo ni en los modos modernos de gestionar el agua.

La relevancia de estudiar la cuestión indígena y el agua radica, además de lo ya señalado, en los cambios recientes de la legislación indígena (reformas al artículo 2 constitucional en el 2002) y del agua (reformas en abril del 2004) y por los diversos programas públicos y proyectos de inversión que tienen un efecto directo en sus territorios como, por ejemplo, el Fondo de Infraestructura Básica de la Comisión Nacional para el Desarrollo de los Pueblos Indígenas (CDI) y los programas hidrológicos de la Comisión Nacional del Agua (CNA) en las cuencas de los ríos Balsas y Bravo.

1. *La Constitución Política de los Estados Unidos Mexicanos*

La Constitución Política de México comprende 136 artículos, de los que dos son los centrales en lo referente a la cuestión indígena (art. 2) y el agua (art. 27). Además es la base jurídica de la que se desprende una serie de leyes y reglamentos en materia de derechos indígenas, tenencia de la tierra, uso de recursos naturales, entre otros

(cuadro 2). En lo referente al reconocimiento de los pueblos indígenas, el artículo segundo constitucional señala que la condición de
indígena está definida por la relación que guardan los pueblos y
comunidades con sus territorios y los modos de organización e instituciones locales que allí existen. Esto lleva a la existencia de una unidad social, económica y cultural en un territorio específico, que se
gobierna de acuerdo con sus usos y costumbres.

Otro aspecto de ese artículo habla de los derechos de los pueblos
indígenas a la libre determinación en un marco de autonomía que ga-
rantice la unidad nacional. Su reconocimiento está dado además por
las constituciones y leyes de cada estado. Para ello se requiere considerar los criterios etnolingüísticos y de localización geográfica.
De acuerdo con ese artículo, la condición de libre determinación y
autonomía conlleva, entre otras cosas, a que: *i*) los indígenas puedan
decidir sus maneras internas de convivencia y organización social,
económica, política y cultural; *ii*) apliquen sus propios sistemas nor-
mativos y de solución de conflictos sin que se contrapongan con la
Constitución; *iii*) elijan a sus autoridades o representantes de acuerdo con sus usos y costumbres; *iv*) conserven y enriquezcan su lengua,
conocimientos y todo lo que es parte de su cultura e identidad; *v*) conserven y mejoren el hábitat y preserven la integridad de sus tierras.
De igual manera, el artículo habla del papel del Estado (en sus tres
órdenes de gobierno) y la aplicación de políticas públicas en los pueblos y comunidades indígenas que conlleven a la equidad con respecto al conjunto del país.

Como un mecanismo para reducir sus carencias y rezagos, el artículo señala varias obligaciones del Estado: *i*) impulsar el desarrollo
regional para fortalecer sus economías locales y mejorar sus condiciones de vida, con la participación de las comunidades, y *ii*) apoyar
las actividades productivas y el desarrollo sostenible de las comunidades indígenas, con base en la aplicación de estímulos para la inversión pública y privada que propicie la creación de empleos, entre
otras cosas.

En lo referente al acceso y aprovechamiento de los recursos naturales en el territorio nacional, el artículo 27 constitucional es de gran
relevancia, sobre todo por la relación de los territorios indígenas con
el agua. Es decir, el suelo y el agua son de propiedad nacional y el
Estado tiene la capacidad de transferir el dominio a los particulares
(llámense comunidades y pueblos indígenas, entre otros). Sin embar-

CUADRO 2. *Leyes que abordan la cuestión indígena y los recursos naturales (tierra, agua, bosques)*

Tipo de Ley	Referencia directa a la cuestión indígena
Ley agraria	Sí
Ley general de equilibrio ecológico	Sí
Ley de aguas nacionales	No
Ley general de desarrollo forestal	Sí
Ley de desarrollo social	Sí

FUENTE: Elaboración propia con base en la revisión de la legislación.

go, tiene la facultad de imponer el interés público por el encima del particular.

En su fracción VII, el artículo 27 se refiere al surgimiento de la personalidad jurídica de los núcleos de población ejidal y comunal para proteger la propiedad de la tierra con fines habitacionales y productivos; garantizar el acceso y usufructo de los recursos naturales en territorios indígenas, y el respeto a la toma de decisiones en relación con el aprovechamiento de sus recursos productivos. De igual manera el citado artículo señala la importancia de conservar los bosques y aguas; preservar y restaurar el equilibrio ecológico y evitar la destrucción de los elementos naturales; así como fomentar la agricultura, silvicultura y otras actividades económicas en el medio rural sin que se afecte su base natural. Como resultado se constituyen varias leyes que tienen relación con la cuestión indígena y el agua como: la ley agraria (9 de julio, 1993), la ley forestal (13 de diciembre, 2002), la ley general de equilibrio ecológico y la protección al ambiente (23 de febrero, 2005) y la ley de aguas nacionales (29 de abril, 2004). Para términos de este ensayo sólo abordaremos la legislación del agua.

2. *Ley de aguas nacionales*

La Ley de aguas nacionales es reglamentaria del artículo 27 de la constitución política y está muy vinculada con la Ley general de equilibrio ecológico y protección al ambiente (LGEEPA). Sin embargo, a diferencia de ella, la Ley de aguas no hace alusión directa a los pueblos y territorios indígenas. Es decir, en términos de la asignación y concesión de los derechos del agua, así como de la conservación y gestión de las cuencas hidrológicas, la ley es ambigua.

Según esta ley todos los poseedores de derechos de agua, mediante concesiones y asignaciones obtenidas por la Comisión Nacional del

Agua, son denominados personas físicas o morales. Dentro de la categoría de personas morales entran los ejidos y comunidades, sin especificar su condición étnica, por lo que la asignación y concesión de derechos de agua no considera la diversidad cultural del país ni los derechos y maneras de organización social tradicional existentes en los territorios indígenas. Sólo las personas morales se sujetan a la Ley de aguas, sin diferenciar a un ejido o comunidad, de una empresa privada o industria.

En contraste, la ley garantiza la asignación y concesión privada del agua, que motiva así la creación de mercados de agua por medio de la transferencia de derechos. Esto indudablemente da una mayor seguridad jurídica a los particulares que poseen los derechos de agua, no así a los pueblos y comunidades que ven fragmentada la apropiación, uso y manejo colectivo del recurso. Por ejemplo, la ley señala que:

> [...] en los casos en que los ejidatarios o comuneros trasmitan la titularidad de la tierra conforme a la Ley, podrán también trasmitir sus derechos de agua. Los ejidos y comunidades, así como los ejidatarios y comuneros dentro de los distritos y unidades de riego, se regirán por lo dispuesto para los mismos en esta Ley y sus reglamentos" (México, 2004b, artículo 56bis).

Con ello el agua se separa de su matriz original agua-suelo-bosque, que es un elemento sustantivo en la cosmovisión y territorialidad indígenas. Ésta se convierte en una mercancía que, por medio de la trasferencia de derechos, penetra en el mercado de agua. El valor ecológico y cultural del agua simplemente se omite o se considera como una externalidad en el modelo económico. En este sentido se erosiona las bases en que se sustenta la cultura de estos pueblos.

De igual manera cuando la ley aborda el tema de la gestión del agua por cuencas hidrológicas se propone el surgimiento de un organismo regulador (el organismo de cuenca, en el que la Comisión Nacional del Agua tiene un papel central) y otra administradora del agua (el consejo de cuenca, en el que la "sociedad" tiene una función significativa). Dentro de la categoría de "sociedad" se incluye a los usuarios y organizaciones diversas que tienen injerencia en la cuenca hidrológica. Por lo que la asignación de espacios de participación se define a partir de su posición como usuario del agua o pertenencia a algún sector "organizado" de la sociedad.

En la categoría de organizaciones de la sociedad se puede incluir a los pueblos y comunidades indígenas; sin embargo, el punto está en que es un espacio limitado y disputado por una gama de actores sociales que tienen un papel básico en la gestión del agua (como es el caso de los campesinos, los colonos, las organizaciones formales e informales del campo y la ciudad, los grupos indígenas e incluso las organizaciones no gubernamentales, profesionales y empresariales). De allí que la posibilidad de que la población indígena incida en la toma de decisiones relacionadas con la política del agua es muy limitada e incluso nula, en algunos casos.

III. INSTITUCIONES Y POLÍTICAS PÚBLICAS ACERCA DE INDÍGENAS Y AGUA

Por políticas públicas se entiende la visión, estrategias, mecanismos y acciones aplicadas por el Estado y la sociedad para incidir en el desarrollo económico, bienestar colectivo y protección ambiental. Desde esta perspectiva lo público no se reduce a la participación del Estado, sino que incluye además a la sociedad como una instancia activa y organizada que influye en la toma de decisiones (Ávila, 1998).

En cuanto a las instituciones públicas (gubernamentales) que tienen una competencia mayor en la cuestión indígena y del agua, las hay en los órdenes federal como estatal y municipal. En el plano federal, el gobierno formula un plan nacional de desarrollo en el que se establecen las directrices de la política económica y social del país; de este plan provienen varios programas que abordan aspectos como los del medio ambiente, agua, cuestión indígena, entre otros. Cada programa tiene una institución federal responsable de instrumentarlos.

En el caso de los asuntos indígenas, hasta abril del 2003, el Instituto Nacional Indigenista (INI) era el organismo federal responsable de aplicar la política indígena, pero con la aprobación de la Ley de la Comisión Nacional para el Desarrollo de los Pueblos Indígenas, se creó un organismo descentralizado no sectorizado: la Comisión Nacional para el Desarrollo de los Pueblos Indígenas (CDI).

En el caso del agua, la Secretaría de Medio Ambiente y Recursos Naturales (Semarnat) es la que propone al Ejecutivo federal la política hídrica nacional, así como los proyectos de ley, reglamentos, acuerdos, decretos y normas relacionadas con el agua. Por su parte, la Comisión Nacional del Agua (CNA) es un organismo administrativo desconcentrado de la Semarnat que tiene como finalidad: "ejercer las atribuciones que le corresponden a la autoridad en materia hídrica y constituirse como el órgano superior con carácter técnico, normativo y consultivo de la Federación, en materia de gestión integrada de los recursos hídricos, incluyendo la administración, regulación, control y protección del dominio público" (México, 2004, art. 8 y 9). Su influencia es nacional y en la región hidrológica.

Dentro de las políticas de dotación de agua, la CNA presenta un programa para la atención de localidades rurales, llamado: Programa para la Sostenibilidad de los Servicios de Agua Potable y Saneamiento en Comunidades Rurales (Prossapys) que cuenta desde el 2004 con financiación internacional del Banco Interamericano de Desarrollo (BID). Con ello se busca atender a localidades rurales de alta marginación y de un tamaño de 100 a 2 500 habitantes. Es decir, el compromiso del gobierno mexicano con el BID es contribuir a alcanzar las metas de desarrollo del milenio (NU, 2004).

Además de la CNA, otras instituciones participan en la atención de los problemas del agua, como son la Secretaría de Desarrollo Social (Sedesol) por medio de un programa de desarrollo local por microrregiones que apoya la infraestructura social básica en ámbitos de alta marginación social (como electricidad, agua, saneamiento, caminos). En el caso específico de las zonas indígenas, la CDI apoya proyectos de infraestructura social básica en comunidades con población entre 50 y 10 mil habitantes, con subsidio de 100% de la inversión.

Las inversiones públicas en materia de agua potable y saneamiento son generalmente realizadas por el gobierno federal (en este caso CNA, Sedesol, CDI) en coordinación con los gobiernos de los estados (comisiones estatales de agua) y municipales (organismos operadores o juntas locales de agua). Estos últimos, encargados más de la administración y operación de los sistemas de agua que de la inversión en obras hidráulicas.

En el plano estatal cada entidad federativa elabora su plan de desarrollo y de allí se derivan programas sectoriales más específicos, que son responsabilidad de las secretarías correspondientes; lo mismo ocurre en el estrato municipal, donde se elabora un plan municipal de desarrollo y se establecen programas y acciones concretas en el territorio. La coordinación intersectorial (entre diferentes dependencias federales) y entre órdenes de gobierno, si bien es indispensable para garantizar el éxito de las políticas y programas, no siempre se realiza. De allí, la existencia de las coordinadoras regionales o interinstitucionales para el desarrollo de los pueblos indígenas, como por ejemplo en Michoacán y Chihuahua.

En resumen, el eje rector de las políticas públicas en México es el Plan Nacional de Desarrollo y de allí se desprenden: el programa nacional de medio ambiente a cargo de la Secretaría de Medio Ambiente y Recursos Naturales; el programa nacional hidráulico a cargo de la Comisión Nacional del Agua; el programa nacional de desarrollo social a cargo de la Secretaría de Desarrollo Social, y el programa nacional de desarrollo de pueblos indígenas a cargo de la Comisión Nacional para el Desarrollo de los Pueblos Indígenas. De manera más específica con la cuestión indígena y el agua, hay un programa de la Comisión Nacional del Agua para el agua potable y saneamiento en localidades rurales (Prossapys) y otro de la CDI denominado programa de infraestructura básica para la atención de pueblos indígenas de la CDI. Por su parte la Semarnat tiene un programa de desarrollo sostenible de los pueblos indígenas.

IV. Las regiones indígenas de estudio: Su pertinencia
y especificidad

Los criterios para la selección de las regiones de estudio fueron sus especificidades socioculturales (alta pobreza y marginalidad social de la población indígena), ecológicas (fragilidad de los ecosistemas por los procesos acelerados de erosión y deforestación) e hidrológicas (zonas de recarga de acuíferos que se ubican en cuencas con situación de alta y mediana presión hídrica). No obstante hubo que delimitar el ámbito de análisis espacial, ya que los territorios indígenas, por su extensión, abarcan generalmente más de una cuenca hidrológica. Como la problemática socioambiental varía, incluso dentro de un mismo grupo étnico, se tomó el criterio de analizar las zonas más críticas (véase cuadro 3).

Las áreas indígenas de estudio se encuentran dentro de las principales regiones hidrológicas del país, por el caudal de sus ríos. En el caso de la zona tarahumara se acota su estudio a la parte alta de la cuenca del Río Conchos, principal afluente del Río Bravo. En los cuatro casos restantes, al ser la cuenca del Río Balsas común a todas, se considera para fines analíticos como la principal cuenca de estudio. Es importante señalar que ello no significa que no se incluirán las par-

Cuadro 3. *La delimitación de las regiones indígenas de estudio*

Concepto	Región tarahumara	Región meseta purépecha	Región mazahua	Región nahua Tlaxcala	Región mixteca baja
Ubicación	Sierra Madre Occidental	Eje neovolcánico	Eje neovolcánico	Eje neovolcánico	Sierra de Zongolica y Zapotitlán
Estados donde tienen influencia	Chihuahua	Michoacán	México, Michoacán	Tlaxcala, México	Puebla, Oaxaca
Cuenca hidrológica donde se ubican, según grado de presión hídrica (CNA, 2004b)	Región VI. Río Bravo (muy alto) Región III. Pacífico Norte (alto) Región II. Noroeste (muy alto)	Región IV. Río Balsas (alto) Región VIII. Río Lerma (alto)	Región IV. Río Balsas (alto) Región VIII. Río Lerma (alto)	Región IV. Río Balsas (alto)	Regió IV. Río Balsas (alto) Región X. Río Papaloapan (bajo)
Subcuenca de estudio (área de recarga de acuíferos)	Río Conchos parte de la gran cuenca del Bravo	Cuenca cerrada perteneciente en su mayor porción a la cuenca del Balsas	Cuenca de Valle de Bravo que es parte de la gran cuenca del Balsas	Alrededores del volcán La Malinche que es parte de la cuenca del Balsas	Cuenca del valle de Tehuacán, que pertenece en su mayor porción a la cuenca del Balsas
Zona indígenas de estudio según grado de marginalidad (Conapo, 2001)	Alta tarahumara de Chihuahua (muy alto y alto)	Meseta purépecha de Michoacán (alto)	Mazahuas del Estado de México (alto)	Nahuas de Tlaxcala (alto y regular)	Mixteca baja de Puebla (muy alto y alto)
Problemas ambientales	Deforestación, erosión del suelo	Deforestación, cambio de uso del suelo	Deforestación, cambio de uso del suelo, contaminación del agua	Deforestación, cambio de uso del suelo	Deforestación, erosión del suelo
Condiciones de accesibilidad del agua	Deficiente dotación de infraestructura y baja disponibilidad de agua	Deficiente dotación de infraestructura y baja disponibilidad de agua	Deficiente dotación de infraestructura y baja disponibilidad de agua	Regular dotación de infraestructura y baja disponibilidad de agua	Deficiente dotación de infraestructura y baja disponibilidad de agua

FUENTE: Elaboración propia con base en investigación documental y campo.

tes de esas regiones que se comunican con otras cuencas, sólo que el hincapié será en las dos cuencas señaladas.

De acuerdo con el grado de presión hídrica (definido por el Programa Internacional Hidrológico de las Naciones Unidas y desarrollado por la Comisión Nacional del Agua), la cuenca del Río Bravo tiene un valor de 56% que es considerado muy alto, y la cuenca del Balsas tiene 27%, que está en el rango de los altos (Ávila, 2002b; CNA, 2002c, 2003 y 2004b).

1. El contexto cultural y demográfico

Para tener un panorama de las regiones indígenas de estudio, nos apoyamos en los datos censales del Instituto Nacional de Estadística, Geografía e Informática (INEGI, 2001), así como en estudios específicos del Consejo Nacional de Población (Conapo, 2001) y del Instituto Nacional Indigenista (Serrano et al, 2002).

En el cuadro 4 se observan los datos de la población total e indígena a nivel municipal, regional y estatal, así como el grado de presión hídrica por región hidrológico-administrativa (CNA, 2002c, 2003 y 2004b). Uno de los criterios principales para la delimitación municipal de las regiones de estudio fue la presencia de población indígena:

a) *La región tarahumara de Chihuahua* se conforma por 11 municipios, de los cuales cuatro se ubican en la parte alta del Río Conchos: Balleza, Bocoyna, Carichí y Nonoava. Estos forman parte de la cuenca del Río Bravo, la cual experimenta muy alta presión por el agua. En total la región de estudio tiene 193 896 habitantes, de los cuales 46% es población indígena, que en su mayoría habita en pequeños asentamientos dispersos en el territorio. La lengua dominante es la tarahumara.

b) *La región mazahua del Estado de México* se conforma por cinco municipios, de los cuales cuatro pertenecen a la cuenca del Río Balsas y contribuyen al Sistema Cutzamala (trasvase de agua a la ciudad de México): Donato Guerra, Valle de Bravo, Villa de Allende y Villa Victoria. La cuenca del Balsas presenta alta presión hídrica. En total la región tiene 376 875 habitantes, de los cuales 33% son considerados como indígenas. La lengua dominante es la mazahua.

c) *La región de la meseta purépecha en Michoacán* se conforma por cuatro municipios (Paracho, Cherán, Nahuatzen y Charapan) y por partes de otros como Uruapan, Los Reyes, Tangancícuaro y Tingam-

CUADRO 4. *Población total e indígena en las regiones indígenas y grado de presión hídrica (RHA) (2000)*

Clave Mpio.	Muncipio	Total	Indígena Total	Indígena Porcentaje	Región hidrol. adm. (RHA)	Grado presión hídrica RHA
	Chihuahua	3 052 907	136 589	4.5		
007	Balleza	16 770	8 802	52.5	VI. Río Bravo	Muy Alto
008	Batopilas	12 545	6 738	53.7	III. Pacífico Norte	Alto
009	Bocoyna	27 907	8 818	31.6	VI. Río Bravo	Muy Alto
012	Carichí	7 760	3 675	47.4	VI. Río Bravo	Muy Alto
027	Guachochi	40 615	28 246	69.5	III. Pacífico Norte	Alto
029	Guadalupe y Calvo	48 355	17 143	35.5	III. Pacífico Norte	Alto
030	Guazapares	8 066	3 040	37.7	III. Pacífico Norte	Alto
041	Maguarichi	1 795	577	32.1	III. Pacífico Norte	Alto
046	Morelos	9 482	2 873	30.3	III. Pacífico Norte	Alto
049	Nonoava	2 946	506	17.2	VI. Río Bravo	Muy Alto
065	Urique	17 655	9 442	53.5	III. Pacífico Norte	Alto
	Subtotal región tarahumara	193 896	89 860	46.0		
	México	13 096 686	939 355	7.2		
032	Donato Guerra	28 006	8 111	29.0	IV. Balsas	Alto
074	San Felipe del Progreso	177 287	94 203	53.1	VIII. Lerma-Santiago	Alto
110	Valle de Bravo	57 375	1 535	2.7	IV. Balsas	Alto
111	Villa de Allende	40 164	6 867	17.1	IV. Balsas	Alto
114	Villa Victoria	74 043	13 066	17.6	IV. Balsas	Alto
	Subtotal región mazahua	376 875	123 782	33.0		
	Michoacán	3 985 667	199 245	5.0		
021	Charapan	10 898	6 887	63.2	IV. Balsas	Alto
024	Cherán	16 243	10 676	65.7	VIII. Lerma-Santiago	Alto
056	Nahuatzen	23 221	10 895	46.9	VIII. Lerma-Santiago	Alto
065	Paracho	31 096	15 392	49.5	IV. Balsas	Alto
	Subtotal región meseta purepecha	81 458	43 850	54.0		

Código	Municipio	Población indígena	Población total	%		Región	
	Puebla	957 650	5 076 686	18.9			
010	Ajalpan	31 976	48 642	65.7	X.	Golfo Centro	Bajo
112	Petlalcingo	873	9 680	9.0	IV.	Balsas	Alto
120	San Antonio Cañada	2 673	4 495	59.5	X.	Golfo Centro	Bajo
124	San Gabriel Chilac	12 249	13 554	90.4	X.	Golfo Centro	Bajo
129	San José Miahuatlán	11 085	11 697	94.8	X.	Golfo Centro	Bajo
149	Santiago Miahuatlán	1 288	14 249	9.0	X.	Golfo Centro	Bajo
156	Tehuacán	48 264	226 258	21.3	X.	Golfo Centro	Bajo
161	Tepanco de López	2 541	16 717	15.2	X.	Golfo Centro	Bajo
169	Tepexi de Rodríguez	2 682	18 145	14.8	IV.	Balsas	Alto
177	Tlacotepec de Benito Juárez	16 459	42 295	38.9	X.	Golfo Centro	Bajo
214	Zinacatepec	12 415	13 641	91.0	X.	Golfo Centro	Bajo
	Subtotal región mixteca baja	142 505	419 373	34.0			
	Tlaxcala	71 986	962 646	7.5			
010	Chiautempan	5 645	57 512	9.8	IV.	Balsas	Alto
013	Huamantla	1 033	66 561	1.6	IV.	Balsas	Alto
016	Ixtenco	1 487	5 840	25.5	IV.	Balsas	Alto
017	Mazatecochco de José María Morelos	2 504	8 357	30.0	IV.	Balsas	Alto
025	San Pablo del Monte	20 476	54 387	37.6	IV.	Balsas	Alto
027	Tenancingo	2 099	10 142	20.7	IV.	Balsas	Alto
028	Teolocholco	3 213	17 067	18.8	IV.	Balsas	Alto
041	Papalotla de Xicohténcatl	1 609	22 288	7.2	IV.	Balsas	Alto
050	San Francisco Tetlanohcan	3 931	9 081	43.3	IV.	Balsas	Alto
	Subtotal región nahua	41 997	251 235	17.0			
	Total regiones estudio	441 994	1 322 837	33.0			
	Porcentaje respecto al nacional	4	1				
	Nacional	10 253 627	97 483 412	10.5			

FUENTE: Elaboración propia con base en INI-Conapo, *Estimaciones de la población indígena a partir del XII Censo general de población y vivienda 2000*, CNA, *Sistema de Información Geográfico del Agua* (SIGA). También se consultó CNA (2004).

bato, los cuales no se incluyeron por abarcar sólo unas cuantas localidades. La región es atravesada por dos cuencas: Balsas y Lerma.
Ambas experimentan alta presión hídrica. La población total es de
81 548 habitantes. La presencia indígena es importante: 54% de la población y su lengua principal es purépecha.

d) *La región mixteca baja de Puebla* está conformada por 11 municipios indígenas, ubicados en las inmediaciones del valle de Tehuacán, entre las cuencas de los ríos Balsas y Papaloapan. Y aunque la
mayoría de los municipios de estudio[1] se ubica en la parte alta de
la cuenca del Papaloapan, que tiene baja presión hídrica, las localidades indígenas experimentan graves problemas de disponibilidad de
agua. La población total es de 419 373, pero una parte importante se
concentra en la cabecera del municipio de Tehuacán. La población
indígena abarca 34% del total y su patrón de asentamiento es disper-
so. En la región se encuentra un mosaico de pueblos indígenas cuya
lengua principal es náhuatl, popoloca y mixteca.

e) *La región nahua de Tlaxcala* se conforma por nueve municipios
ubicados en los alrededores de la montaña La Malinche y es asiento
de 251 235 habitantes, de los cuales 17% es considerado indígena.
Entre los municipios más indígenas están Ixtenco (26%), Mazate-
cochco (30%), San Pablo del Monte (38%) y San Francisco Tetlanohcan
(43%). La lengua dominante es náhuatl.

2. *Actividades productivas e ingresos de la población*

Entre los elementos que comparten las regiones indígenas de estudio es que una parte importante de su población se dedica a actividades primarias relacionadas con la agricultura y aprovechamiento
forestal. Según el cuadro 5, en la región tarahumara, 66% de la población económicamente activa (PEA) se dedica a actividades primarias,
en la mixteca baja (42%), en la purépecha (35%), en la mazahua (34%)
y en la nahua (27%).

La producción agrícola está destinada básicamente para el auto-
consumo, ya que producen maíz y frijol de temporal. En algunos lugares se cultivan avena, trigo y papa de temporal. No existen distritos ni
unidades de riego de gran extensión que posibiliten el desarrollo de

---

[1] En el caso de la mixteca poblana, la elección de los municipios estuvo en función de
la presencia en obras realizadas por el programa "Agua para Siempre", en las localidades aledañas al valle de Tehuacán (organización no gubernamental Alternativas, AC).

CUADRO 5. *Población ocupada por tipo de actividad e ingreso en las regiones de estudio*

(Porcentaje)

	Población ocupada		
	Sector primario	Sin ingreso por trabajo	Ingresos de 1 a 2 SMN
Región tarahumara	66.1	51.9	19.1
Región mazahua	33.7	27.0	27.6
Región meseta purépecha	35.2	15.0	31.0
Región mixteca baja	42.3	21.3	36.2
Región nahua	26.8	18.3	41.1

FUENTE: Elaboración propia a partir de los datos de Serrano *et al* (2002).

una agricultura de tipo comercial (legumbres, hortalizas, frutales). Tampoco hay cuerpos de agua de importancia que contribuyan al desarrollo de actividades pesqueras. Si bien hasta hace unos decenios, en la región mazahua era posible extraer peces de los ríos y canales, con la construcción de la planta potabilizadora de Los Berros perteneciente al Sistema Cutzamala (descarga sus desechos sin tratamiento a un río) el agua se ha contaminado y la pesca ha desaparecido.

Sin embargo, regiones como la mixteca baja y la sierra tarahumara son muy vulnerables a las condiciones climáticas, ya que si hay un periodo prolongado de sequía las cosechas de maíz no se dan o la planta no se desarrolla suficientemente. La reducción de la producción de maíz, eje central de la alimentación y economía campesina, es un factor de hambrunas en la población indígena. Por ejemplo, el año agrícola 2005 fue muy malo para los tarahumaras ya que hubo retrasos en las lluvias y el maíz no pudo desarrollarse y no se cosechó.

Con excepción de la mixteca baja, en el resto de las regiones la explotación y aprovechamiento del bosque es una actividad importante como fuente de ingresos. En ellas abundan los talleres y aserraderos privados que abastecen con materia prima (madera, resina) y productos manufacturados (muebles, cajas de empaque) a las zonas urbanas y agrícolas aledañas.

En regiones como la nahua y mazahua, la población se emplea además en actividades secundarias (industrias, talleres, construcción) en las ciudades más cercanas (como Puebla y Toluca) y contribuye a la diversificación de ingresos durante el año. Como resultado de lo anterior, en regiones indígenas como la tarahumara que dependen básicamente de la agricultura de temporal, la mayor parte de la población ocupada (66%) no percibe ingresos, ya que es una actividad de subsistencia y 19% recibe entre 1 y 2 salarios mínimos (entre 4 y 8 dólares diarios).[2] Esta situación no varía de manera considerable en las regiones, ya que más de 50% de la PEA no percibe ingresos o son menores a 2 salarios mínimos (cuadro 5). En el caso de la meseta purépecha, los ingresos se complementan por la alta migración que hay a los Estados Unidos.

Si se analiza el producto interno bruto (PIB) *per capita* en cada una de las regiones indígenas, tenemos que está muy por debajo del promedio nacional que es de 7 495 dólares anuales (cuadro 6). En la región tarahumara el PIB es de 2 191 dólares, en la mazahua de 2 295, en la meseta purépecha de 3 101, en la mixteca de 3 997 y en la nahua de 4 052. Este panorama muestra la limitada aportación de las regiones en la producción de bienes y servicios, ya que su eje central es la producción para la subsistencia y no para el mercado.

3. *Pobreza y marginalidad social*

Si se evalúan las condiciones de vida de los habitantes de las regiones indígenas a partir de los indicadores de marginalidad (Conapo, 2001), se observa que el panorama es crítico en los municipios que las integran (cuadro 6). Las regiones mazahua y tarahumara son las que se encuentran en condiciones más críticas, ya que 85 y 100% de su población municipal respectivamente experimenta muy alta y alta marginalidad. Luego siguen las regiones purépecha y mixteca con casi 50% de su población en condiciones de alta y muy alta marginalidad.

La excepción es la región nahua de Tlaxcala que presenta baja y muy baja marginalidad, debido posiblemente a su articulación con regiones urbano-industriales (Tlaxcala-Puebla). Como resultado, 55% de la población de las regiones indígenas de estudio vive en una situación muy crítica en términos sociales (726 381 habitantes); es decir, no tiene resuelto los satisfactores básicos para sobrevivir (vivienda, infraestructura, educación, salud, ingresos). De allí, la importancia de enfocarse en términos de políticas sociales y de desarrollo regional.

---

[2] Con base en la Comisión Nacional de Salarios Mínimos, 1 salario mínimo equivalía en diciembre de 2005 a 44 pesos diarios, es decir, aproximadamente cuatro dólares. Se considera un dólar equivalente a aproximadamente 11 pesos (diciembre, 2005) (véase: http://www.sat.gob.mx/sitio_internet/asistencia_contribuyente/informacion_frecuente/ salarios_mínimos/).

CUADRO 6. *Índice de marginalidad y* PIB *per capita*
según población indígena (2000)

Región indígena	PIB per capita (dólares)	Población	Población con marginalidad				
			Muy alto	Alto	Medio	Bajo	Muy bajo
Tarahumara	2 191	193 896	163 043	30 853	0	0	0
Mazahua	2 295	376 875	74 043	245 457	0	57 375	0
Purépecha	3 101	81 548	0	34 119	47 339	0	0
Mixteca	3 997	419 373	4 495	174 371	14 249	226 258	
Nahua	4 052	251 235	0	0	0	171 435	79 800
Total regiones	3 127	1 322 927	241 581	484 800	61 588	455 068	79 800
País	7 495						

FUENTE: Elaboración propia con base en Conapo (2001 y 2002).

4. *Infraestructura básica y acceso al agua*

Uno de los indicadores sociales más importantes para evaluar las condiciones de vida de la población es el acceso al agua. No obstante, las estadísticas oficiales (INEGI, 2001, y CNA, 2004b) no aportan elementos suficientes para determinar si la población cuenta con un acceso adecuado, en calidad y cantidad, para satisfacer sus necesidades básicas. El indicador oficial es la existencia de agua por tubería dentro de la vivienda (toma domiciliaria de la red general de abastecimiento). No obstante, este criterio es insuficiente ya que muchas veces existe la infraestructura pero no el abasto de agua. La explicación va desde la obsolescencia tecnológica de la red y sistema de distribución de agua hasta problemas de reducción del caudal de las fuentes de abastecimiento o de insolvencia económica de los usuarios para el pago del servicio (sobre todo cuando implica altos costos por bombeo y rebombeo, como ocurre en la meseta purépecha). Tomando en cuenta lo anterior, la población con problemas de acceso al agua puede ser aún mayor de lo que las cifras oficiales muestran. Es decir, tener infraestructura hidráulica en la vivienda no es garantía de que haya acceso al agua.

A pesar de ello, el criterio inverso (sin infraestructura) indica deficiencias en el acceso y abasto de agua, ya que como no hay agua dentro de la vivienda, la población tiene que recurrir a tomas públicas en su localidad, trasladarse pequeñas o grandes distancias (hasta 10 kilómetros como en la región mazahua) e invertir esfuerzo y tiempo para la espera, captación y acarreo del agua (hasta 2 días como en la

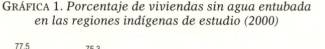

GRÁFICA 1. *Porcentaje de viviendas sin agua entubada en las regiones indígenas de estudio (2000)*

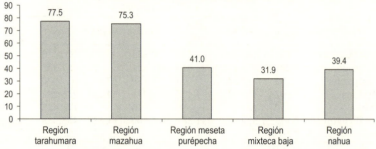

FUENTE: Elaboración propia a partir de los datos de Serrano *et al* (2002).

región purépecha). En casos extremos incluso tienen que comprar el agua, ya que localmente no hay fuentes de abastecimiento suficientes. Lo engañoso de las cifras es que casos como la meseta purépecha aparentemente tienen pocos problemas de agua debido a que casi 60% de la población tiene en su vivienda tubería para la distribución del líquido. Sin embargo, el abasto de agua es esporádico e irregular. Es decir, las viviendas cuentan con la infraestructura pero no con el abasto de agua.

Al observar la gráfica 1, se tiene que el panorama regional es bastante crítico, sobre todo en las regiones tarahumara y mazahua, donde 78 y 75% de las viviendas, respectivamente, no cuentan con agua entubada. El patrón de dispersión de las localidades en el territorio influye en que no se construyan redes de distribución y captación de agua: es costoso en términos de la población beneficiada. En casos como la meseta, mixteca baja y nahua poco menos de la mitad de las viviendas no cuenta con agua entubada. Sin embargo, llama la atención la región nahua: 39% de las viviendas no cuentan con agua. Si bien su índice de marginalidad es bajo, no tiene resueltos problemas básicos como el abasto regular de agua.

V. EVALUACIÓN DE LA LEGISLACIÓN, INSTITUCIONES Y POLÍTICAS PÚBLICAS DEL AGUA

En esta sección se hace un análisis de los efectos que la legislación, instituciones y políticas públicas tienen en las regiones indígenas respecto a la solución de sus problemas de agua. El análisis está basado en investigación documental y empírica realizada en las regiones entre junio y noviembre de 2005.

1. *La legislación del agua y su efecto en regiones indígenas*

En secciones anteriores hemos visto que la legislación, en particular la Ley de Aguas Nacionales, omite los derechos indígenas y maneras tradicionales de usar y manejar el agua en sus territorios. Es decir, no considera la diversidad cultural ni los derechos de los pueblos indígenas que existían con anterioridad al derecho contemporáneo de la Nación Mexicana. Esta omisión legal ha traído consigo conflictos como el despojo de los manantiales de La Recowata al ejido indígena de San Ignacio en la sierra tarahumara y el desvío del agua de la zona mazahua para abastecer a la ciudad de México.

Otros vacíos legales son la falta de reconocimiento de nuevos derechos de agua cuando se siembra o produce agua, como es el caso de la mixteca poblana con el programa no gubernamental "Agua para Siempre". De igual manera, la ley no considera la existencia de una cultura originaria del agua, como ocurre en los pueblos indígenas, ni de modos tradicionales de gestión comunitaria. Tal cuestión trae consigo situaciones de imposición de estilos tecnológicos y modos de gestión y manejo del agua como ocurre en las zonas purépecha y nahua. La participación de las comunidades indígenas en la toma de decisiones en torno del agua tampoco está explícita en la ley y por tanto no tienen representación directa en espacios que deciden el uso y distribución del agua, como serían los consejos de cuenca de los ríos Bravo y Balsas.

La expresión indígena más avanzada en México respecto a la lucha por el reconocimiento de sus derechos en cuanto a la tierra y territorio y perspectivas de desarrollo sostenible, entre otros, se resume en los acuerdos de San Andres, impulsados por el Ejército Zapatista de Liberación Nacional (EZLN) y firmados por el gobierno federal en 1996. Sin embargo, las reformas al artículo 2 de la Constitución Política de México (abril del 2001) no retoman plenamente el sentido de los acuerdos y propuestas legales formuladas por el EZLN. En este sentido, la lucha por el reconocimiento de los derechos indígenas aún no concluye. Un ejemplo son las movilizaciones realizadas desde 2004 por los pueblos mazahuas, quienes han reivindicado sus derechos por el agua y exigen un programa de desarrollo sostenible para la región. Incluso las mujeres han integrado el "Movimiento de mujeres zapatistas en defensa por el agua" y en sus acciones públicas han portado rifles de madera para expresar la inconformidad y resistencia indígena.

2. *Instituciones y políticas públicas en materia de agua*

Una de las explicaciones de las condiciones de deficiente abasto de agua en las regiones indígenas en estudio (predominantemente rurales) es la casi nula inversión pública en materia de dotación de agua potable y saneamiento en el país. Si observamos su comportamiento entre 1991 y 2004, se tiene que en las zonas rurales la inversión se mantenía igual o por debajo de mil millones de pesos anuales. La tendencia en las zonas urbanas hasta 2001 se mantenía también baja, alrededor de los 2 y 3 mil millones de pesos. Pero a partir de 2002 hubo cambio en la manera de cuantificar la inversión, de allí el salto en 2003 (gráfica 2).

Para ese mismo periodo, en la gráfica 3 se observa la participación de los tres órdenes de gobierno en la inversión pública de agua potable y saneamiento nacional. Allí es clara la presencia dominante del gobierno federal, alrededor de 60% de la inversión pública, en menor medida está la participación de los gobiernos estatales y municipales.

GRÁFICA 2. *Inversión total en agua potable y saneamiento en zonas urbanas y rurales, 1991-2004*

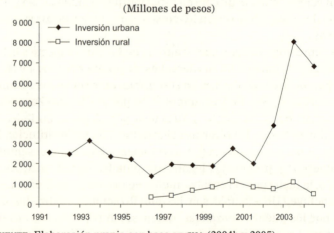

(Millones de pesos)

FUENTE: Elaboración propia con base en CNA (2004b y 2005).

GRÁFICA 3. *Origen de los recursos para obras de agua potable y saneamiento (1991-2004)*

(Porcentaje)

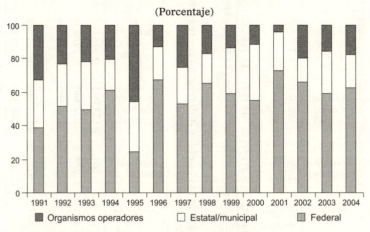

FUENTE: Elaboración propia con base en CNA (2004b y 2005).

a) *El Prossapys y su efecto en las regiones indígenas de estudio.* Como una manera de evaluar el efecto del Prossapys en las regiones de estudio, se consideraron las acciones públicas realizadas en 2004. En el cuadro 7 se observa que únicamente hubo proyectos de inversión en obras de agua y saneamiento en dos de las cinco regiones indígenas, es decir, en la sierra tarahumara de Chihuahua y en la zona mazahua del Estado de México. El resto de las regiones, la mixteca baja poblana, la meseta purépecha y la zona nahua de Tlaxcala, quedó fuera del programa.

En el caso de la región tarahumara de Chihuahua, sólo dos de los 11 municipios resultaron beneficiados (Urique y Moris) y de éstos únicamente cuatro localidades fueron incluidas, que en conjunto tienen 1 062 habitantes. Las obras fueron de saneamiento de agua y representaron una inversión de 8 249 016 pesos (cerca de 750 mil dólares); y hubo una partida federal (inferior a 50%) con su contraparte estatal y municipal. En el caso de la región mazahua del Estado de México, se incluyeron a tres de los cinco municipios (San Felipe del Progreso, Donato Guerra y Villa Victoria) y beneficiaron a 13 localidades, que en conjunto tienen 7 149 habitantes. Las obras fueron en agua potable y saneamiento. La inversión fue de 20 927 392 pesos (cerca de 1.9 millones de dólares), y la participación federal y estatal fue en partes iguales.

CUADRO 7. *Programa para la sostenibilidad de los servicios de agua potable y saneamiento en comunidades rurales, Prossapys (2004)*

Estado	Núm. de obras	Núm. de municipios	Municipio	Núm. de localidades	Descripción	Población total	Población beneficiada	Inversión federal (pesos)	Inversión contrap. (pesos)	Inversión total (pesos)
Chihuahua	5	2	Urique y Moris	4	Saneamiento agua	4 230	1 062	3 498 481	4 750 535	8 249 016
México	12	3	San Felipe Donato y Villa V	13	Agua potable y saneamiento	7 767	7 149	10 463 697	10 463 697	20 927 392
Total región	17	5		17		11 997	8 211	13 962 178	15 214 232	29 176 408

FUENTE: Elaboración propia a partir de la base de datos del Prossapys: información a nivel municipal para el año 2004 (véase página web de la Comisión Nacional del Agua).

CUADRO 8. *Programa de infraestructura básica para la atención de los pueblos indígenas, CDI: regiones de estudio 2004 (obras autorizadas al 30 de noviembre del 2004)*

Estado	Núm. de obras	Núm. de municipios	Municipio	Núm. de localidades	Descripción	Población total	Población beneficiada	Inversión federal (pesos)	Inversión contrap. (pesos)	Inversión total (pesos)
Chihuahua	4	1	Bocoyna	4	Agua potable	sd	661	6 054 003	2 018 002	8 072 005
Michoacán	1	1	Cherán	1	Agua potable	sd	388	622 880	202 348	825 288
Puebla	2	2	San Antonio Cañ y San José Miah	2	Agua potable	sd	3 104	661 650	220 549	882 199
Tlaxcala	1	1	San Pablo del Monte	1	Agua potable	sd	6253	4 755 745	0	4 755 745
Total región	8	5		8			10 406	12 094 278	2 440 899	14 535 177

FUENTE: Elaboración propia a partir de la base de datos de la Comisión Nacional para el Desarrollo de los Pueblos Indígenas, CDI (véase: http://cdi.gob.mx/index.php?id_seccion=88).

En general, la inversión del Prosappys para las dos regiones mencionadas fue cercana a los 30 millones de pesos (cerca de 2 650 000 dólares). Las obras fueron de agua potable y saneamiento y beneficiaron a 8 211 habitantes de 17 localidades pertenecientes a cinco municipios indígenas.

b) *El programa de infraestructura básica para la atención de los pueblos indígenas y su efecto.* Este programa incluye acciones diversas como son construcción de caminos, introducción de energía eléctrica, agua potable y saneamiento, entre otros. La orientación principal es hacia las zonas indígenas que se encuentren en alta marginación. Sin embargo, las localidades beneficiadas tienen que reunir varios requisitos para calificar y entrar al programa. Quizá una de las razones de este filtro sea la limitación de recursos públicos para obras sociales. En el cuadro 8 se puede observar que cuatro de las cinco regiones fueron incluidas en el programa para realizar obras de abasto de agua.

En el caso de la región tarahumara se incluyó únicamente un municipio (Bocoyna que es perteneciente a la cuenca alta del Río Conchos, afluente del Bravo) y se beneficiaron cuatro localidades con un total de 661 habitantes. El tipo de obras realizadas fueron de agua potable e implicaron una inversión total de aproximadamente 8 millones de pesos (730 mil dólares). Las dos terceras partes de la inversión fue federal.

En el caso de la meseta purépecha de Michoacán se incluyó un municipio (Cherán) y se benefició a 388 habitantes de una localidad. El tipo de obras realizadas fueron de agua potable e implicó una inversión de casi 825 mil pesos (75 mil dólares). Las dos terceras partes de la inversión fue federal.

En el caso de la región mixteca baja de Puebla se incluyeron dos municipios (San José Miahuatlán y San Antonio Cañadas) y se beneficiaron a 3 104 habitantes de dos localidades. Las obras fueron de agua potable y su inversión fue de 882 199 pesos (cerca de 80 mil dólares). Las dos terceras partes de la inversión fue federal.

En el caso de la región nahua de Tlaxcala se incluyó un municipio (San Pablo del Monte) y se benefició a una localidad. Las obras fueron de agua y su inversión fue de 4 755 745 pesos (cerca de 432 340 dólares). El 100% de la inversión fue realizada por el gobierno federal.

La omisión del caso de la región mazahua del Estado de México quizá pueda deberse a que varias obras fueron incorporadas den-

CUADRO 9. Inversión en agua potable y saneamiento en las regiones indígenas de estudio, 2004

Región indígena	Inversión del Prossapys (pesos)	Inversión en agua y saneam. progr. infr. (CDI, 2004) (pesos)	Total inversión, agua potable y saneamiento (2004) (pesos)	Población total de los municipios (2000)	Población beneficiada por obras	Porcentaje de la población beneficiada por obras a nivel municipal	Número de localidades beneficiadas
Tarahumara	8 249 016	8 072 005	16 321 021	193 896	1 723	0.9	8
Mazahua mexiquense	20 927 392	0	20 927 392	376 875	7 149	1.9	13
Meseta purépecha	0	825 228	825 228	81 548	388	0.5	1
Mixteca baja	0	882 199	882 199	419 373	3 104	0.7	2
Nahua tlaxcalteca	0	4 755 745	4 755 745	251 235	6 253	2.5	1
Total región	29 176 408	14 535 177	43 711 585	1 322 927	18 617	1.4	25
Total país	524 744 380	327 935 732	852 680 112		495 471		
Porcentaje región	6	4	5		4		

FUENTE: Elaboración propia con base en datos de CDI y Prossapys.

tro del Prossapys, a raíz de las movilizaciones políticas por el agua realizadas por la población indígena durante el año 2004. En conjunto las cuatro regiones incluidas en el programa beneficiaron a ocho localidades pertenecientes a cinco municipios, lo que representa 10 406 habitantes. La inversión total fue de 14 535 177 pesos (cerca de 1 321 380 dólares).

c) *Saldo de la inversión pública del agua en las regiones indígenas de estudio.* Si se compara el programa Prossapys con el de CDI (cuadro 9) se tiene que el efecto del primero es mayor, ya que en términos de inversión pública representa el doble de su monto: 29 176 048 pesos del Prossapys contra 14 535 177 del programa de CDI en agua. La región que recibió más apoyo (por el Prossapys) fue la mazahua con 20 927 392 pesos. Luego siguió en orden de importancia, la región tarahumara que logró captar recursos de ambos programas en un monto equivalente (8 249 016 pesos del Prossapys y 8 072 005 pesos del CDI); el total los recursos recibidos fueron de 16 321 021 pesos. Después estuvo la región nahua, que recibió apoyo del programa de CDI en una cuantía de 4 755 745 pesos, casi la cuarta parte de lo captado por la tarahumara. En los casos de la zona de la meseta purépecha y mixteca baja poblana los apoyos fueron casi equivalentes: 825 228 y 882 199 pesos, respectivamente.

El efecto social de las citadas obras en las regiones fue mínimo si se compara la población beneficiada con el total de la población municipal: en la tarahumara ambos programas sólo llegaron a 0.9% de la población de la región; en la mazahua a 1.9%; en la meseta purépecha a 0.5%; en la mixteca baja a 0.7%, y en la nahua tlaxcalteca a 2.5% (cuadro 9).

En resumen, la inversión pública total en las cinco regiones en materia de agua en 2004 fue de 43 711 585 pesos, es decir, casi 4 millones de dólares. La población total beneficiada fue de 18 617 habitantes de 25 localidades, lo que representa sólo 1.4% de la población de esas regiones. El monto de inversión regional es equivalente a 5% de la inversión total en agua potable y saneamiento para localidades rurales y zonas indígenas del país, es decir, 43 711 585 de los 852 680 112 pesos (alrededor de 77 516 374 dólares).

A partir de 2004 el gobierno mexicano por medio de la CNA abrió un crédito con el Banco Interamericano de Desarrollo (BID), en la perspectiva de alcanzar las Metas de Desarrollo del Milenio en materia de agua potable y saneamiento en 2015 (NU, 2004). En la solicitud

GRÁFICA 4. *Inversión pública en agua potable y saneamiento*
per capita *en las regiones indígenas de estudio (2004)*

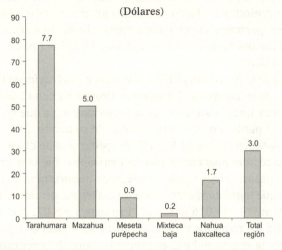

FUENTE: Elaboración propia con base en datos de CDI y Prossapys.

que hizo el gobierno federal[3] al BID propone aumentar anualmente la cobertura en 1.5% e invertir alrededor de 200 y 230 dólares por habitante en materia de agua potable y 240 y 320 dólares por habitante para saneamiento (sistemas de tratamiento y disposición de las aguas residuales). Así en conjunto oscilaría la inversión entre 440 y 550 dólares *per capita* anual para agua potable y saneamiento.

Sin embargo, estas metas contrastan con la limitada inversión pública realizada en 2004, tanto por el programa de Prossapys como el de infraestructura básica de la CDI, en las regiones indígenas de estudio. En la gráfica 4 se observa el monto de la inversión pública general *per capita* en agua potable y saneamiento para cada una de ellas. El mayor valor de la inversión lo tuvo la región tarahumara con 7.7 dólares anuales *per capita*; luego siguió la región mazahua con 5 dólares; después la región nahua con 1.7 dólares, y finalmente las regiones purépecha con 0.9 dólares y la mixteca con 0.2 dólares.

Estos valores de inversión pública *per capita* anual en materia de agua son tan bajos que difícilmente se alcanzarán las Metas del Milenio. Es decir, si se comparan con los montos propuestos por el gobierno mexicano de 440 y 550 dólares *per capita* anual, las regiones

[3] Véase información del BID (http://www.iadb.org/countries/home.cfm?id_ country= ME&Language=English).

indígenas de estudio están muy lejos de resolver sus problemas de abasto de agua y saneamiento. Por citar el caso de la tarahumara, el monto *per capita* anual de 7.7 dólares representa sólo 1.4% de la inversión de agua propuesta para alcanzar las Metas del Milenio, y en el resto de los casos la situación es aún peor y la inversión es prácticamente nula.

VI. MATRIZ DE EVALUACIÓN DE LA LEGISLACIÓN, INSTITUCIONES Y POLÍTICAS PÚBLICAS DEL AGUA

En la perspectiva de evaluar de manera global la legislación, instituciones y políticas públicas del agua en las diferentes regiones indígenas de estudio, se elaboró un método de análisis cualitativo que permite medir los efectos de acuerdo con tres categorías: positivo, neutro y negativo. A cada categoría se le asignó un valor numérico: 1, 0 y –1, respectivamente. En los tres rubros de evaluación se especificaron diferentes conceptos, que pueden ser tantos como sean necesarios. Por ejemplo, el rubro de legislación del agua tiene cinco conceptos para su medición; el de políticas, nueve, y el de instituciones/actores, siete.

El índice global de efecto es sencillamente la suma de los tres indicadores. En consecuencia, si el saldo global es mayor o igual que uno se considera que en general tiene un efecto positivo, si es cero es que no afecta ni beneficia y si es igual o menor que –1 entonces su efecto es negativo. Esto es válido tanto a nivel de índice global como de indicador por rubro. Tal saldo puede hacerse para cada una de las regiones de estudio y pueden incluirse en forma de columnas para facilitar la comparación de indicadores por rubro y conceptos, así como del índice global. La ecuación que resume lo señalado es la siguiente:

$$EG = \sum_{i=1}^{n} EL_i + \sum_{i=1}^{n} EP_i + \sum_{i=1}^{n} EA_i$$

en la que efectos (*E*) se definen:

EG: Efecto global de la legislación, políticas e instituciones
EL: Efecto legislación agua
EP: Efecto políticas públicas
EA: Efecto instituciones y actores.

CUADRO 10. *Matriz de evaluación del efecto de la legislación, políticas públicas e instituciones/actores*

Indicadores por rubro y concepto	Mazahua mexiquense	Tarahumara chihuahuense	Mixteca poblana	Meseta purépecha	Nahua tlaxcalteca
Legislación de agua	-4	-4	-5	-4	-4
Reconocimiento derecho indígena del agua	-1	-1	-1	-1	-1
Nuevos derechos por producción de agua	0	0	-1	0	0
Reconocimiento de la cultura del agua	-1	-1	-1	-1	-1
Representación en los consejos o comisiones de cuenca	-1	-1	-1	-1	-1
Reconocimiento de la gestión comunitaria del agua	-1	-1	-1	-1	-1
Políticas públicas	-4	-5	-1	-5	-3
Dotación adecuada de agua	-1	-1	-1	-1	0
Apta calidad de agua para consumo	-1	0	0	0	0
Inversión pública en obras de agua	1	0	0	0	0
Fomento actividades agrícolas pecuarias pesqueras	0	-1	0	-1	-1
Trasvase de agua/desvío agua de zonas indígenas	-1	-1	0	0	0
Pago servicios ambientales por agua	-1	-1	0	-1	-1
Protección de bosques/control erosión	-1	-1	-1	-1	-1
Existencia de subsidios prestación servicio de agua	0	0	0	0	0
Adopción de nuevas tecnologías para abasto de agua	0	0	1	-1	0

Evaluación cualitativa de los efectos de la legislación y políticas

Instituciones y actores	-1	0	1	0	0
Iniciativas indígenas de manejo sostenible del agua	1	1	1	1	1
Gestión de apoyos para agua del gobierno federal	1	1	0	0	0
Gestión de apoyos para agua del gobierno estatal	-1	0	0	0	0
Gestión de apoyos para agua del gobierno municipal	0	0	0	0	0
Gestión de apoyos para agua de organizaciones no gubernamentales	0	0	1	0	0
Manejo institucional de conflictos por derechos uso agua	-1	-1	0	0	0
Uso político de fondos públicos para agua	-1	-1	-1	-1	-1
Índice global del efecto	-9	-9	-5	-9	-7
Evaluación del efecto	Negativo	Negativo	Negativo	Negativo	Negativo
Recomendaciones	Atención urgente	Atención urgente	Atención urgente	Atención urgente	Atención urgente

FUENTE: Elaboración propia con base en la investigación documental y trabajo de campo realizado en las regiones indígenas de estudio.

Efecto por concepto		Evaluación global del efecto	
Positivo	1	Positivo	< 1
Neutro	0	Neutro	0
Negativo	-1	Negativo	< -1

Rangos de efectos (E):

Si $E \geq 1$ es positivo
Si $E = 0$ es neutro
Si $E \leq -1$ es negativo.

Un elemento central en la asignación de valores a cada categoría es que debe estar apoyada en una investigación previa tanto cualitativa como cuantitativa. Es decir, no es un sencillo juego de azar o de valoración subjetiva para obtener un resultado predeterminado. De igual manera no se busca obtener un valor numérico preciso o exacto, sino sólo mostrar tendencias o aspectos en que es urgente poner atención para reducir los efectos negativos. Tomando en cuenta lo anterior se elabora una matriz que evalúa los efectos de la legislación, políticas públicas e instituciones y actores relacionados con el agua en las diferentes regiones indígenas de estudio (cuadro 10).

De acuerdo con la matriz de evaluación se observa que tanto el indicador de efecto de la legislación como el de políticas son negativos en las cinco regiones de estudio. Es decir, ni la legislación ni las políticas públicas del agua contribuyen a mejorar las condiciones de vida de la población ni sus derechos indígenas. No obstante en el rubro de política, el caso menos desfavorable es el de la mixteca debido a que ha habido poca intervención del Estado y los vacíos dejados han sido ocupados por otros actores, como una organización no gubernamental (Alternativas, AC) que ha elaborado e instrumentado programas de abasto y producción de agua. En lo referente a instituciones públicas y actores sociales, el panorama es menos desalentador: en tres regiones su efecto es neutro, ni afectan ni benefician (tarahumara, meseta purépecha y nahua); en una región hay efecto positivo (mixteca) y en otra región (mazahua) es negativo.[4]

En lo general, la evaluación de los efectos de los tres rubros es negativa, ya que los valores están por debajo de 0. Los casos más críticos son la región mazahua, tarahumara y meseta purépecha (con −9), luego sigue la región nahua (con −7) y finalmente la mixteca (con −5). Así, el saldo general muestra que se requiere una atención urgente en las cinco regiones, sobre todo en lo que se refiere a los aspectos de legislación y políticas públicas de agua. La cuestión de las institu-

---

[4] Como resultado del manejo inadecuado del conflicto del agua con el Movimiento Mazahua por el Agua, por parte de la Comisión Nacional del Agua, así como por el desvío de fondos del gobierno estatal para cuestiones electorales en el 2005.

ciones también debe atenderse, ya que tiene poco o ningún efecto positivo en las regiones. Destaca aquí el uso político que se la da al agua por parte del gobierno federal y estatal, principalmente, y las débiles estrategias elaboradas para el manejo y resolución de conflictos en las diferentes regiones.

VII. Recomendaciones sobre la cuestión del agua

i) Es esencial el reconocimiento de los derechos indígenas sobre el agua para avanzar en la construcción de sociedades más sostenibles y democráticas. La Ley de Aguas Nacionales los omite, aunque en la Constitución Política de México en los artículos 2 y 27 abren la posibilidad para tener leyes más innovadoras, que reconozcan la diversidad cultural y existencia de pueblos indígenas y no los reduzcan a la simple connotación de usuario de agua. Así, en la medida en que se respeten los derechos indígenas del agua, la propensión al conflicto se reducirá en sus territorios y se ampliarán las posibilidades de resolver los problemas de acceso y distribución del recurso.

ii) Los proyectos de desarrollo y las políticas públicas en las regiones indígenas requieren un mayor respeto de las culturas locales y modos tradicionales de organización social para el manejo de los recursos naturales y sus territorios, en particular del agua.

iii) La inversión pública destinada para obras de agua potable y saneamiento en regiones indígenas de México están muy por debajo de los requerimientos de la población. En la perspectiva de alcanzar las Metas de Desarrollo del Milenio es esencial asignar una partida presupuestaria de magnitud importante para resolver los problemas de pobreza y marginalidad social que caracterizan a estas regiones. Además se requiere revalorar el papel que desempeñan los territorios indígenas (bosques y selvas) en la aportación de agua para el desarrollo del país y conservación de ecosistemas Hay una deuda histórica con los pueblos indígenas que el Estado mexicano no puede omitir.

REFERENCIAS BIBLIOGRÁFICAS

Aguirre Beltrán , Gonzalo (1967), *Regiones de refugio*, INI, México.
Ávila, Patricia (1998), "Organizaciones no gubernamentales y la política ambiental en México", José Luis Méndez (coord.), *Organizaciones civiles y políticas públicas en México y Centroamérica*, México, Miguel Angel Porrúa.

Ávila, Patricia (2002b), *Cambio global y recursos hídricos en México*, México, Instituto Nacional de Ecología, México.

CNA (1992), *Ley de aguas nacionales*, Comisión Nacional del Agua/SARH.

—— (2001), *Programa Nacional Hidráulico 2001-2006*, México, Comisión Nacional del Agua/Semarnat.

—— (2002a), *Programa hidráulico regional de la cuenca del río Balsas 2001-2006*, México.

—— (2002b), *Programa hidráulico regional de la cuenca del río Bravo 2001-2006*, México.

—— (2002c), *Compendio básico del agua en México*, México, Comisión Nacional del Agua/Semarnat/Plan Nacional de desarrollo.

—— (2003), *Estadísticas del agua 2003*, México, Comisión Nacional del Agua.

—— (2004a), *Ley de aguas nacionales y su reglamento 2004*, México, Comisión Nacional del Agua.

—— (2004b), *Estadísticas del agua 2004*, México, Comisión Nacional del Agua.

—— (2005), *Estadísticas del agua 2005, México*, Comisión Nacional del Agua.

Conapo (2001), *Índices de marginalidad en los municipios de México 2000*, México, Consejo Nacional de Población.

—— (2002), *Índices de desarrollo humano 2000*, México, Consejo Nacional de Población.

INEGI (2001), *Censo general de población y vivienda 2000*, México, Instituto Nacional de Estadística, Geografía e Informática.

Instituto Nacional indigenista (2001), *Programa Nacional para el Desarrollo de los Pueblos Indígenas (2001-1006)*, México, INI.

México (1993), *Ley agraria*.

—— (2003a), *Ley de desarrollo forestal sustentable*.

—— (2003b), *Ley de desarrollo social*.

—— (2003c), *Ley de la Comisión Nacional para el desarrollo de los pueblos indígenas*.

—— (2004a), *Constitución política de los Estados Unidos Mexicanos*, última reforma 27 septiembre.

—— (2004b), *Ley de Aguas Nacionales*.

—— (2005), *Ley general de equilibrio ecológico y la protección al ambiente*.

Naciones Unidas (2004), "The UN Millenium Project: A Global Plan to Achieve the Millennium Development Goals", UNDP.

Poder Ejecutivo Federal (PEF) (2001), *Plan Nacional de Desarrollo 2001-2006*.

Robles, Héctor, y Luciano Concheiro (2004), *Entre las fábulas y la realidad, los ejidos y las comunidades con población indígena*, México, UAM.

Sedesol (2001), *Programa Nacional de Desarrollo Social 2001-2006*, México.

Semarnat (2004), *Programa Nacional de Medio Ambiente 2001-2006*, México.

Serrano, Enrique, Arnulfo Ambriz y Patricia Fernández (2002), *Indicadores socioeconómicos de los pueblos indígenas de México*, México, INI, UNDP, Conapo.

4. EL COSTO DEL SUMINISTRO DE AGUA POTABLE
Análisis y propuestas de políticas

Hilda R. Guerrero García Rojas

INTRODUCCIÓN

PARA estar en condiciones de evaluar los costos totales y unitarios de los servicios de abastecimiento y saneamiento de agua, así como para distinguir entre los pagos correspondientes a los derechos de extracción y descargas de agua realizados por los organismos operadores en México, se utilizó el I Censo de Captación, Tratamiento y Suministro de Agua (INEGI, 1999) como fuente de información base.

Algunas de las ventajas que ofrece este censo es la diversidad de variables que se pueden considerar para una evaluación más pormenorizada de los costos totales. La información municipal es muy pobre, lo que genera desventajas para un análisis más desagregado, por lo que la evaluación de las variables se realiza a nivel estatal. Sin importar que la información sea estatal, este censo, contrario a lo que ofrecen otras fuentes de información,[1] contiene datos de 2 356 organismos operadores establecidos a lo largo del país, lo que es una razón más para considerarla como la fuente base de información para las evaluaciones objetivo del estudio.

El presente artículo tiene como objetivo evaluar los costos totales así como los costos unitarios del suministro de agua y tratamiento de aguas residuales para los diferentes usuarios, por lo que se juzga fundamental definir los parámetros que conforman estos costos, y la categorización de usuarios considerados en el estudio.

Costo total es igual a la suma de los costos de capital y costos de operación. Cada uno de estos conceptos se define a continuación: *i)* *costos de capital*, también conocidos como costos de inversión, corresponden a todos los bienes que es necesario adquirir inicialmente y durante la vida útil del proyecto para cumplir sus funciones; los

---

[1] Guerrero García Rojas (2005) en el capítulo 2 "Panorama de la información del agua en México" analiza diversas publicaciones que presentan costos para organismos operadores, los alcances y limitaciones de estos estudios.

principales componentes de este tipo de costo son por lo general: terreno, obra civil, maquinaria y equipo principal, así como las instalaciones; estos costos por lo común son registrados en la contabilidad
de la empresa como los activos fijos netos, los cuales son expresados
como el valor de todos aquellos bienes muebles e inmuebles que tienen capacidad de producir o que coadyuvan a la producción de bienes y servicios y cuya vida útil es superior a un año; *ii) costos de
operación y mantenimiento* son todas las partidas directamente relacionadas con el funcionamiento del proyecto; se dividen en costos fijos y costos variables; los costos fijos de operación y mantenimiento
son los que se generan como consecuencia de la operación del proyecto, independientemente del volumen de producción; como ejemplo de estos costos tenemos la mano de obra empleada en la empresa;
los costos variables son los que están directamente asociados con la
producción, que varían en proporción al volumen de producción.

Costo unitario es igual al costo total por unidad producida. La evaluación del costo unitario se obtendrá por tipo de usuario, esto es por
organismo operador, por industria (autoabastecida), o para la red pública, pero también se harán los cálculos por metro cúbico de agua
producida o utilizada.

Organismo operador es la unidad económica que administra y ope-
ra los sistemas de agua potable, alcantarillado y saneamiento con el
propósito de otorgar estos servicios a los habitantes de un municipio
o de una entidad federativa. Su estructura orgánica es variada y pueden presentarse como: sistemas de agua, direcciones, comisiones,
juntas locales, departamentos, comités, etcétera.

I. COSTO TOTAL Y UNITARIO PARA LOS ORGANISMOS OPERADORES

Tomando como punto base las definiciones presentadas en la Introducción para la valoración del costo total y costo unitario, se procedió
a obtener los costos de capital así como los de operación y mantenimiento de los organismos operadores.

De acuerdo con la definición proporcionada líneas arriba los costos de capital son regularmente registrados como los activos fijos netos de la empresa. Para el caso de la información presentada para los
organismos operadores los activos fijos netos se obtienen, de manera
general, de sumar al costo de adquisición de cada activo fijo, el monto

de las renovaciones, mejoras y reformas mayores, así como revaloraciones por los cambios del poder adquisitivo de la moneda, menos la depreciación acumulada, es decir, las asignaciones por desgaste, deterioro y obsolescencia que han tenido desde su adquisición (INEGI, 1999).

Si se considera que la evaluación del costo total del organismo operador es para un año en particular es necesario aplicar instrumentos financieros para obtener primero la anualidad de estos activos fijos netos para incorporarlos de esa manera al costo total y no de la manera agregada como actualmente están estructurados los datos en las estadísticas del censo (INEGI, 1999). Para ello se considera el valor presente del activo fijo, un factor de descuento, i, de 10%, así como un tiempo de vida promedio de los activos fijos, n, de 30 años. Haciendo uso del instrumento financiero para obtener la anualidad del valor presente, ecuación (1), se obtiene el costo de capital del organismo operador.

$$anualidad = VP \frac{i(1+i)^n}{(1+i)^n - 1} \tag{1}$$

Se considera un factor de descuento de 10% en la evaluación ya que es el valor utilizado (y recomendado) por el Banco Mundial para evaluaciones similares. El tiempo de vida de 30 años de los activos fijos responde al promedio de duración de las instalaciones, tuberías, equipo mayor, etc., necesario para la producción de agua (Seguí, 2004).

El cuadro 1 presenta, para la totalidad de organismos operadores establecidos en cada estado, los activos fijos netos así como su correspondiente valor anualizado; este último equivalente al costo de capital del organismo operador para el año de referencia. Es importante señalar que en este cuadro no se registra la cantidad de organismos operadores establecidos en Baja California Sur y en el Distrito Federal, lo que da como resultado que el total de 2 356 organismos operadores considerados en el censo no ajusta a la suma real de 2 350. Pero los valores de las variables correspondientes a estas dos entidades sí son registradas; sólo la suma de organismos operadores es la que no se registra. En la columna de costos de capital los estados de Jalisco y Nuevo León presentan los mayores valores, 23 y 25% respectivamente, del total nacional. Los estados que le siguen en importancia de participación son Baja California, 7%, y Puebla, 6.4%, los demás estados están por debajo de 4% y de ellos 20 con menos de uno por ciento.

CUADRO 1. *Costos de capital de los organismos operadores*

(Miles de pesos)

Estado	Organismo operador	Activos fijos netos	Costos de capital	Costo de capital por organismo operador
Total	2 356	47 358 748	5 023 780	2 132
Aguascalientes	11	103 976	11 030	1 003
Baja California	5	3 327 771	353 007	70 601
Baja California Sur	—	532 930	56 533	*
Campeche	11	97 635	10 357	942
Chiapas	109	253 528	26 894	247
Chihuahua	67	1 407 071	149 261	2 228
Coahuila de Zaragoza	39	459 044	48 695	1 249
Colima	10	691 696	73 375	7 337
Distrito Federal	—	745 762	79 110	*
Durango	39	208 199	22 086	566
Guanajuato	44	668 098	70 871	1 611
Guerrero	75	464 758	49 301	657
Hidalgo	86	396 157	42 024	489
Jalisco	125	11 105 278	1 178 040	9 424
México	122	1 356 653	143 913	1 180
Michoacán de Ocampo	113	882 378	93 602	828
Morelos	33	133 510	14 163	429
Nayarit	19	103 377	10 966	577
Nuevo León	51	11 667 788	1 237 710	24 269
Oaxaca	513	205 143	21 761	42
Puebla	226	3 020 831	320 447	1 418
Querétaro de Arteaga	19	1 147 575	121 734	6 407
Quintana Roo	8	55 799	5 919	740
San Luis Potosí	58	155 823	16 530	285
Sinaloa	18	1 933 334	205 087	11 394
Sonora	72	1 445 237	153 310	2 129
Tabasco	17	298 470	31 661	1 862
Tamaulipas	41	1 717 342	182 174	4 443
Tlaxcala	60	112 142	11 896	198
Veracruz Llave	196	1 797 701	190 699	973
Yucatán	107	462 548	49 067	459
Zacatecas	56	401 194	42 558	760

El costo de capital promedio por organismo operador en el país es de 2.1 millones de pesos para el año de análisis. De la totalidad de estados, ocho están por encima de esta media, en que Baja California presenta un valor extremadamente alto en relación con los otros estados. El estado de Nuevo León igualmente tiene un costo de capital por organismo operador de considerable magnitud, pero casi 70% menor que el de Baja California. El costo de capital unitario más bajo se encuentra en el estado de Oaxaca y posteriormente en Tlaxcala.

Adviértase que ni para el Distrito Federal ni para el estado de Baja California Sur se presenta el costo de capital por organismo operador, ya que, como se subrayó líneas arriba, no se cuenta con la cantidad de organismos instaurados en estas entidades.

El cuadro 2 muestra los costos de operación y mantenimiento (OM) de los organismos operadores, los cuales, conforme a la definición establecida en la introducción, están compuestos primeramente por los costos fijos de operación y mantenimiento, que son los que se generan como consecuencia de la operación del proyecto, independiente del volumen de producción como viene a ser el pago al personal ocupado (trabajo), así como por los costos variables imputables a la producción; esto es, son los costos que están directamente asociados con la producción, que varían en proporción al volumen de producción. De los valores expuestos en este cuadro se observa que a nivel nacional el pago al personal representa 31% de los costos de operación y mantenimiento. Los estados de Querétaro, Tabasco y Tamaulipas tienen el mayor gasto en trabajo, 50% en relación con sus costos de OM. Los valores de los otros estados son alrededor de la media nacional.

El segundo componente de los costos de operación y mantenimiento es el referente a los costos variables, en este caso representados por los gastos en la producción de agua. El total de estos gastos está, a su vez, compuesto por la suma de los gastos derivados directamente de la actividad de producir agua más los gastos que no tienen una relación directa con la actividad productiva del organismo operador. Estos últimos se constituyen por costos financieros, impuestos indirectos, gastos fiscales, entre otros, los cuales se identifican en el cuadro 2 como los gastos no derivados de la actividad.

En relación con estos gastos no derivados de la actividad de producir agua, el estado de Jalisco realiza el mayor gasto, 52% respecto al total nacional. En lo que respecta a los costos variables directamente relacionados con la actividad de producir agua, estos representan en general más de 90% de los gastos en la producción de agua, con excepción del estado de Jalisco, ya que su mayor egreso lo realiza en el rubro de gastos no derivados de la actividad.

La penúltima columna en el cuadro 2 registra el total de los costos de operación y mantenimiento de los organismos operadores, en el que el Distrito Federal y los estados de Jalisco y México realizan, a

CUADRO 2. Costos de operación y mantenimiento de los organismos operadores

(Miles de pesos)

Estado	Pagos al personal (trabajo)	Gastos en la producción de agua			Costos de operación y mantenimiento	Costo de OM por organismo operador
		Derivados de la actividad	No derivados de la actividad	Total		
Total	3 559 683	6 670 627	1 218 252	7 888 879	11 448 562	4 859
Aguascalientes	5 406	191 133	12 950	204 083	209 489	19 044
Baja California	296 219	279 568	70 013	349 581	645 800	129 160
Baja California Sur	45 196	101 891	5 806	107 697	152 893	*
Campeche	15 489	29 576	154	29 730	45 219	4 111
Chiapas	39 451	80 055	3 442	83 497	122 948	1 128
Chihuahua	269 134	254 637	34 144	288 781	557 915	8 327
Coahuila de Zaragoza	99 057	237 136	16 887	254 023	353 080	9 053
Colima	30 171	32 460	5 831	38 291	68 462	6 846
Distrito Federal	573 448	1 520 028	1 146	1 521 174	2 094 622	*
Durango	38 092	53 933	2 783	56 716	94 808	2 431
Guanajuato	129 805	209 606	34 545	244 151	373 956	8 499
Guerrero	80 492	136 471	17 726	154 197	234 689	3 129
Hidalgo	35 047	87 775	2 280	90 055	125 102	1 455
Jalisco	169 559	407 422	628 150	1 035 572	1 205 131	9 641
México	310 944	863 795	41 112	904 907	1 215 851	9 966
Michoacán de Ocampo	82 753	110 202	14 208	124 410	207 163	1 833
Morelos	38 373	60 258	385	60 643	99 016	3 000
Nayarit	18 741	32 140	1 065	33 205	51 946	2 734
Nuevo León	252 662	538 990	92 851	631 841	884 503	17 343
Oaxaca	28 723	51 969	930	52 899	81 622	159
Puebla	54 863	162 734	18 769	181 503	236 366	1 046
Querétaro de Arteaga	97 915	86 355	10 923	97 278	195 193	10 273
Quintana Roo	42 657	117 761	107 934	225 695	268 352	33 544
San Luis Potosí	47 213	101 119	2 874	103 993	151 206	2 607
Sinaloa	134 376	148 440	26 317	174 757	309 133	17 174
Sonora	123 779	211 796	31 679	243 475	367 254	5 101
Tabasco	100 552	92 185	2 394	94 579	195 131	11 478
Tamaulipas	193 695	172 606	18 637	191 243	384 938	9 389
Tlaxcala	9 504	24 468	217	24 685	34 189	570
Veracruz Llave	135 499	161 000	7 059	168 059	303 558	1 549
Yucatán	31 966	47 907	3 397	51 304	83 270	778
Zacatecas	28 902	65 211	1 644	66 855	95 757	1 710

nivel nacional, el mayor gasto en este rubro, el primero con 18% y los dos últimos con casi 11% cada uno. Pero es el estado de Baja California el que realiza el mayor gasto en la operación y mantenimiento por organismo operador, seguido por el estado de Quintana Roo, aunque se advierte que la diferencia entre estos dos estados es de considerable magnitud. Los costos unitarios por organismo operador para los estados de Aguascalientes, Nuevo León y Sinaloa son similares. Se remarca una vez más que el costo unitario para el Distrito Federal no se puede determinar ya que no se registra la cantidad de organismos operadores ahí establecidos. El gasto más bajo por organismo operador es el del estado de Oaxaca.

Los gastos derivados de la actividad de producir agua son resultado de diversos componentes. Éstos son presentados en el cuadro 3, en el que se observa que, a nivel nacional, el gasto en electricidad tiene la mayor contribución, 31%, seguido por los gastos en otros conceptos, 29%, y por el pago por el suministro de agua en bloque, 17%. El Distrito Federal participa con 64% por el suministro de agua en bloque, así como con 43% de los pagos por derechos de explotación.

Analizando los gastos a nivel estatal se observa que para 12 estados el gasto en electricidad representa al menos 50% y que para dos estados (Baja California Sur y Nuevo León) el gasto en otros conceptos es también mayor a 50%. En relación con el pago por el suministro de agua en bloque, éste representa más de 40% para el Estado de México y el Distrito Federal (42 y 48%, respectivamente). A nivel nacional alrededor de 16% del gasto es destinado a la compra de agentes físico-químicos, reactivos, insumos similares, materiales y suministros necesarios para el tratamiento de agua.

Los pagos por derechos de explotación y descarga se registran por separado en el cuadro 4, en el que se observa que a nivel nacional, en promedio, la participación del pago por derechos de extracción es bajo, 6%, pero que el pago por derechos de descarga es realmente insignificante, menor que 0.5%. Sólo en tres estados el pago por derechos de descarga alcanza una participación mayor a 2%, Baja California Sur con 6.5%, Colima con casi 15% y Tlaxcala con 2.3%. En lo que corresponde a los derechos de extracción, diez estados gastan en este concepto por encima de la media nacional (6.24%), pero ninguno de ellos gasta más de 12.5%. Si se considera estos gastos en conjunto, sólo el estado de Colima dedica en ellos cerca de 22%, los otros estados están por debajo de 12.5 por ciento.

CUADRO 3. *Gastos derivados de la actividad de producir agua*

(Miles de pesos)

Estado	Total	Pago por suministro de agua en bloque	Reactivos e insumos similares	Materiales y suministros	Pagos por derechos de explotación	Pagos por derechos de descarga	Energía eléctrica	Otros conceptos
Total	6 670 627	1 152 828	281 076	792 003	416 209	14 734	2 085 550	1 928 227
Aguascalientes	191 133		1 315	46 498	8 942	4	51 345	83 029
Baja California	279 568	34 261	9 885	24 721	20 889		84 980	104 832
Baja California Sur	101 891		945	9 252	2 948	6 580	20 225	61 941
Campeche	29 576	237	8 257	1 422	791		12 692	6 177
Chiapas	80 055	18	6 334	11 974	1 566	578	30 109	29 476
Chihuahua	254 637		7 088	59 576	1 773		102 988	83 212
Coahuila de Zaragoza	237 136	493	49 228	38 826	24 183		78 059	46 347
Colima	32 460		928	1 745	2 375		16 148	6 455
Distrito Federal	1 520 028	735 591	25 950	86 841	177 651	4 809	314 407	179 588
Durango	53 933	1 120	623	10 256	79		30 260	11 595
Guanajuato	209 606		3 797	43 017	250	6	105 715	56 821
Guerrero	136 471	12	5 115	16 501	744	40	65 372	48 687
Hidalgo	87 775	2 758	5 754	10 328	6 131	98	44 633	18 073
Jalisco	407 422	204	31 431	44 386	50 518	424	153 219	127 240
México	863 795	361 323	15 080	64 181	349	16	120 127	302 719
Michoacán de Ocampo	110 202	1 758	6 271	17 908	3 143	194	54 451	26 477
Morelos	60 258	13	1 506	6 659	7		27 428	24 645
Nayarit	32 140	2	995	3 843	196		17 986	9 118
Nuevo León	538 990		20 307	35 432	51 981		151 634	279 636
Oaxaca	51 969	47	4 921	10 633	51	27	26 060	10 230
Puebla	162 734	10	7 122	29 354	19 924	3	62 147	44 174
Querétaro de Arteaga	86 355	714	1 555	13 190	49		48 694	22 153
Quintana Roo	117 761		2 311	7 766	13 937	149	40 246	53 352
San Luis Potosí	101 119	4 376	2 868	19 076	596	1	50 173	24 029
Sinaloa	148 440		9 641	41 066	2 651	570	53 057	41 455
Sonora	211 796	2 297	10 982	45 413	12 034	10	96 480	44 580
Tabasco	92 185		13 450	17 138	30		35 011	26 556
Tamaulipas	172 606	5 724	13 252	30 671	1 617	32	62 848	58 462
Tlaxcala	24 468	34	273	2 374	366	549	16 045	4 827
Veracruz Llave	161 000	1 101	10 341	34 989	2 156	582	46 552	65 479
Yucatán	47 907		2 728	3 184	906		24 827	16 262
Zacatecas	65 211	735	823	3 983	7 376	62	41 632	10 600

CUADRO 4. *Pago por derechos de explotación y descarga*

(Miles de pesos)

Estado	Total[a]	Pagos por derechos de explotación	Pagos por derechos de descarga	Derechos de explotación/ total (porcentaje)	Derechos de descarga/ total (porcentaje
Total	6 670 627	416 209	14 734	6.24	0.2209
Aguascalientes	191 133	8 942	4	4.68	0.0021
Baja California	279 568	20 889		7.47	
Baja California Sur	101 891	2 948	6 580	2.89	6.4579
Campeche	29 576	791		2.67	
Chiapas	80 055	1 566	578	1.96	0.7220
Chihuahua	254 637	1 773		0.70	
Coahuila de Zaragoza	237 136	24 183		10.20	
Colima	32 460	2 375	4 809	7.32	14.815
Distrito Federal	1 520 028	177 651		11.69	
Durango	53 933	79		0.15	
Guanajuato	209 606	250	6	0.12	0.0029
Guerrero	136 471	744	40	0.55	0.0293
Hidalgo	87 775	6 131	98	6.98	0.1116
Jalisco	407 422	50 518	424	12.40	0.1041
México	863 795	349	16	0.04	0.0019
Michoacán de Ocampo	110 202	3 143	194	2.85	0.1760
Morelos	60 258	7		0.01	
Nayarit	32 140	196		0.61	
Nuevo León	538 990	51 981		9.64	
Oaxaca	51 969	51	27	0.10	0.0520
Puebla	162 734	19 924	3	12.24	0.0018
Querétaro de Arteaga	86 355	49		0.06	
Quintana Roo	117 761	13 937	149	11.83	0.1265
San Luis Potosí	101 119	596	1	0.59	0.0010
Sinaloa	148 440	2 651	570	1.79	0.3840
Sonora	211 796	12 034	10	5.68	0.0047
Tabasco	92 185	30		0.03	
Tamaulipas	172 606	1 617	32	0.94	0.0185
Tlaxcala	24 468	366	549	1.50	2.2437
Veracruz Llave	161 000	2 156	582	1.34	0.3615
Yucatán	47 907	906		1.89	
Zacatecas	65 211	7 376	62	11.31	0.0951

[a] Correponde al total de gastos derivados de la actividad de producir agua.

Con la información presentada en los cuadros 1-4 se está en condiciones de evaluar el costo total así como el costo unitario por organismo operador. El cuadro 5 registra estos valores. A nivel nacional el costo de capital representa 30% de los costos totales, participación que se mantiene similar en general entre los estados, aunque para Puebla y Nuevo León este gasto representa casi 60% de sus costos totales. En otros dos estados, Jalisco y Colima, el monto del costo de capital es equivalente al costo de operación y mantenimiento, 50% cada

CUADRO 5. *Costo total y unitario por organismo operador*

(Miles de pesos)

Estado	Organismo operador	Costos de capital	Costos de operación y mantenimiento	Costo total	Costo unitario por organismo operador
Total	2 356	5 023 780	11 448 562	16 472 342	6 992
Aguascalientes	11	11 030	209 489	220 519	20 047
Baja California	5	353 007	645 800	998 807	199 761
Baja California Sur	—	56 533	152 893	209 426	*
Campeche	11	10 357	45 219	55 576	5 052
Chiapas	109	26 894	122 948	149 842	1 375
Chihuahua	67	149 261	557 915	707 176	10 555
Coahuila de Zaragoza	39	48 695	353 080	401 775	10 302
Colima	10	73 375	68 462	141 837	14 184
Distrito Federal	—	79 110	2094 622	2 173 732	*
Durango	39	22 086	94 808	116 894	2 997
Guanajuato	44	70 871	373 956	444 827	10 110
Guerrero	75	49 301	234 689	283 990	3 787
Hidalgo	86	42 024	125 102	167 126	1 943
Jalisco	125	1 178 4040	1205 131	2 383 171	19 065
México	122	143 913	1215 851	1 359 764	11 146
Michoacán de Ocampo	113	93 602	207 163	300 765	2 662
Morelos	33	14 163	99 016	113 179	3 430
Nayarit	19	10 966	51 946	62 912	3 311
Nuevo León	51	1 237 710	884 503	2 122 213	41 612
Oaxaca	513	21 761	81 622	103 383	202
Puebla	226	320 447	236 366	556 813	2 464
Querétaro de Arteaga	19	121 734	195 193	316 927	16 680
Quintana Roo	8	5 919	268 352	274 271	34 284
San Luis Potosí	58	16 530	151 206	167 736	2 892
Sinaloa	18	205 087	309 133	514 220	28 568
Sonora	72	153 310	367 254	520 564	7 230
Tabasco	17	31 661	195 131	226 792	13 341
Tamaulipas	41	182 174	384 938	567 112	13 832
Tlaxcala	60	11 896	34 189	46 085	768
Veracruz Llave	196	190 699	303 558	494 257	2 522
Yucatán	107	49 067	83 270	132 337	1 237

uno. Caso contrario es el de Aguascalientes, Distrito Federal y Quintana Roo, ya que sus gastos en operación y mantenimiento de los organismos operadores representa más de 95% de sus costos totales. Al analizar el costo unitario (por organismo operador) se observa que la media nacional es cerca de 7 millones de pesos. Quince estados presentan un costo unitario mayor a la media nacional. Congruente con los resultados registrados en los cuadros 1 y 2, el estado de Baja Cali-

CUADRO 6. *Costo unitario de la producción de agua*

Estado	Organismo operador	Agua producida (miles de m³)	Agua producida por org. operador (m³/OrgOp)	Costo total (miles de pesos)	Costo unitario de agua producida (pesos/m³)
Total	2 356	8 433 901	3 579 754	16 472 342	1.9531
Aguascalientes	11	115 521	10 501 909	220 519	1.9089
Baja California	5	223 595	44 719 000	998 807	4.4670
Baja California Sur	*	55 991	*	209 426	3.7403
Campeche	11	61 887	5 626 091	55 576	0.8980
Chiapas	109	218 698	2 006 404	149 842	0.6852
Chihuahua	67	368 183	5 495 269	707 176	1.9207
Coahuila de Zaragoza	39	264 121	6 772 333	401 775	1.5212
Colima	10	84 514	8 451 400	141 837	1.6783
Distrito Federal	*	1 072 783	*	2 173 732	2.0263
Durango	39	121 940	3 126 667	116 894	0.9586
Guanajuato	44	285 525	6 489 205	444 827	1.5579
Guerrero	75	163 806	2 184 080	283 990	1.7337
Hidalgo	86	163 874	1 905 512	167 126	1.0198
Jalisco	125	678 559	5 428 472	2 383 171	3.5121
México	122	962 983	7 893 303	1 359 764	1.4120
Michoacán de Ocampo	113	384 872	3 405 947	300 765	0.7815
Morelos	33	95 902	2 906 121	113 179	1.1801
Nayarit	19	82 892	4 362 737	62 912	0.7590
Nuevo León	51	312 877	6 134 843	2 122 213	6.7829
Oaxaca	513	173 937	339 058	103 383	0.5944
Puebla	226	250 691	1 109 252	556 813	2.2211
Querétaro de Arteaga	19	137 781	7 251 632	316 927	2.3002
Quintana Roo	8	101 213	12 651 625	274 271	2.7098
San Luis Potosí	58	158 261	2 728 638	167 736	1.0599
Sinaloa	18	262 910	14 606 111	514 220	1.9559
Sonora	72	371 090	5 154 028	520 564	1.4028
Tabasco	17	193 963	11 409 588	226 792	1.1693
Tamaulipas	41	342 588	8 355 805	567 112	1.6554
Tlaxcala	60	65 326	1 088 767	46 085	0.7055
Veracruz Llave	196	423 362	2 160 010	494 257	1.1675
Yucatán	107	156 927	1 466 607	132 337	0.8433
Zacatecas	56	77 329	1 380 875	138 315	1.7887

fornia efectúa el mayor costo por organismo operador y el costo más bajo en todo el país es el del estado de Oaxaca. Una posible explicación de estos montos extremadamente opuestos es que en Baja California están establecidos el menor número de organismos operadores (5) y en el estado de Oaxaca el mayor (513).

En el cuadro 6 aparecen el costo unitario de agua producida. El costo medio nacional es de 1.95 pesos/m³. Nueve estados producen

CUADRO 7. *Tomas de agua y agua suministrada*

Estado	Organismo operador	Tomas de agua	Tomas de agua por organismo operador	Agua suministrada (miles de m³)	Agua suministrada por toma de agua (m³/toma)	Agua suministrada por org. operador (m³/OrgOp)	Agua producida (miles de m³)	Porcentaje agua suministrada/ producida
Total	2 356	15 307 324	6 497	6 448 127	421	2 736 896	8 433 901	76
Aguascalientes	11	213 476	19 407	53 480	251	4 861 818	115 521	46
Baja California	5	584 356	116 871	161 844	277	32 368 800	223 595	72
Baja California Sur	*	99 068	*	41 305	417	*	55 991	74
Campeche	11	104 131	9 466	50 796	488	4 617 818	61 887	82
Chiapas	109	345 621	3 171	152 353	441	1 397 734	218 698	70
Chihuahua	67	605 866	9 043	266 914	441	3 983 791	368 183	72
Coahuila de Zaragoza	39	419 245	10 750	223 616	533	5 733 744	264 121	85
Colima	10	146 149	14 615	81 397	557	8 139 700	84 514	96
Distrito Federal	*	1 697 100	*	705 891	416	*	1 072 783	66
Durango	39	232 042	5 950	79 937	344	2 049 667	121 940	66
Guanajuato	44	611 399	13 895	209 593	343	4 763 477	285 525	73
Guerrero	75	299 062	3 987	147 029	492	1 960 387	163 806	90
Hidalgo	86	277 755	3 230	136 272	491	1 584 558	163 874	83
Jalisco	125	1 198 006	9 584	607 347	507	4 858 776	678 559	90
Mexico	122	1 968 408	16 134	718 738	365	5 891 295	962 983	75
Michoacán de Ocampo	113	597 202	5 285	266 482	446	2 358 248	384 872	69
Morelos	33	185 890	5 633	93 183	501	2 823 727	95 902	97
Nayarit	19	136 795	7 200	70 989	519	3 736 263	82 892	86
Nuevo León	51	807 166	15 827	312 872	388	6 134 745	312 877	100
Oaxaca	513	336 486	656	154 266	458	300 713	173 937	89
Puebla	226	542 211	2 399	171 768	317	760 035	250 691	69
Querétaro de Arteaga	19	246 884	12 994	70 922	287	3 732 737	137 781	51
Quintana Roo	8	149 228	18 654	80 754	541	10 094 250	101 213	80
San Luis Potosí	58	328 904	5 671	94 513	287	1 629 534	158 261	60
Sinaloa	18	494 690	27 483	228 782	462	12 710 111	262 910	87
Sonora	72	466 144	6 474	262 012	562	3 639 056	371 090	71
Tabasco	17	207 213	12 189	188 755	911	11 103 235	193 963	97
Tamaulipas	41	583 248	14 226	219 156	376	5 345 268	342 588	64
Tlaxcala	60	143 626	2 394	60 387	420	1 006 450	65 326	92
Veracruz Llave	196	742 398	3 788	357 961	482	1 826 332	423 362	85
Yucatán	107	353 959	3 308	122 896	347	1 148 561	156 927	78
Zacatecas	56	183 596	3 279	55 917	305	998 518	77 329	72

con un costo unitario por encima de la media, Nuevo León registra el mayor costo (6.78 pesos/m^3).

Del total de estados del cuadro 6, ocho tienen costos unitarios menores a un peso por metro cúbico. El menor costo por producir un metro cúbico de agua se localiza en el estado de Oaxaca y después en Chiapas. La producción media de agua por organismo operador es de un poco más de 3.5 millones de metros cúbicos. De los 30 estados que disponen del número de organismos operadores, 57% presentan una eficiencia en la producción de agua por organismo operador por encima de la media. Oaxaca despliega el más bajo rendimiento por organismo operador, pero sólo en relación con el volumen de agua producida Baja California Sur es el que produce el volumen más bajo.

El Censo (INEGI, 1999) dispone también de información concerniente al número de tomas de agua, además del volumen de agua suministrada, lo que permite obtener los coeficientes de agua suministrada tanto por toma como por organismo operador, el número de tomas promedio atendidas por organismo operador, así como el costo unitario por el agua suministrada (pesos/m^3).

En el cuadro 7 se observa, primeramente, que el promedio nacional de tomas atendidas por organismo operador es de casi 6 500, en que Baja California es el estado con mayor cobertura de tomas por organismo operador; asimismo el promedio nacional de agua suministrada por toma de agua es de 421 m^3/toma, y es el estado de Tabasco el que suministra el mayor volumen de agua por toma con 911 m^3/toma, más del doble de la media nacional. Los estados de Sonora, Colima, Quintana Roo y Coahuila suministran 1.3 por encima de la media nacional. Seis estados tienen una eficiencia en agua suministrada por toma de agua menor a 75% de la media nacional; Aguascalientes es el que tiene menor eficiencia, menos de 60 por ciento.

La última columna del cuadro 7 muestra lo que se podría llamar la eficiencia de entrega de agua, ya que es el porcentaje de agua suministrada en relación con el agua producida y se observa que esta eficiencia en el plano nacional es de 76%, lo que significa que existen pérdidas de alrededor de 24% del agua que se produce. Siete estados tienen una eficiencia de suministro respecto a la producción mayor a 90% y es Nuevo León el único estado que obtiene una eficiencia de 100%. Aguascalientes tiene la menor eficiencia con tan sólo 46 por ciento.

A manera de resumen el cuadro 8 retoma los costos unitarios pre-

CUADRO 8. *Costos unitarios*

Estado	Costo unitario por organismo operador (miles de pesos)	Costo unitario por toma (pesos/toma)	Costo unitario por agua producida (pesos/m³)	Costo unitario por agua suministada (pesos/m³)
Total	6 992	1 076	1.9531	2.5546
Aguascalientes	20 047	1 033	1.9089	4.1234
Baja California	199 761	1 709	4.4670	6.1714
Baja California Sur	*	2 114	3.7403	5.0702
Campeche	5 052	534	0.8980	1.0941
Chiapas	1 375	434	0.6852	0.9835
Chihuahua	10 555	1 167	1.9207	2.6495
Coahuila de Zaragoza	10 302	958	1.5212	1.7967
Colima	14 184	970	1.6783	1.7425
Distrito Federal	*	1 281	2.0263	3.0794
Durango	2 997	504	0.9586	1.4623
Guanajuato	10 110	728	1.5579	2.1223
Guerrero	3 787	950	1.7337	1.9315
Hidalgo	1 943	602	1.0198	1.2264
Jalisco	19 065	1 989	3.5121	3.9239
México	11 146	691	1.4120	1.8919
Michoacán de Ocampo	2 662	504	0.7815	1.1287
Morelos	3 430	609	1.1801	1.2146
Nayarit	3 311	460	0.7590	0.8862
Nuevo León	41 612	2 629	6.7829	6.7830
Oaxaca	202	307	0.5944	0.6702
Puebla	2 464	1 027	2.2211	3.2417
Querétaro de Arteaga	16 680	1 284	2.3002	4.4687
Quintana Roo	34 284	1 838	2.7098	3.3964
San Luis Potosí	2 892	510	1.0599	1.7747
Sinaloa	28 568	1 039	1.9559	2.2476
Sonora	7 230	1 117	1.4028	1.9868
Tabasco	13 341	1 094	1.1693	1.2015
Tamaulipas	13 832	972	1.6554	2.5877
Tlaxcala	768	321	0.7055	0.7632
Veracruz Llave	2 522	666	1.1675	1.3808
Yucatán	1 237	374	0.8433	1.0768
Zacatecas	2 470	753	1.7887	2.4736

sentados en el cuadro 5 (por organismo operador) y en el cuadro 6 (por agua producida). Igualmente exhibe los costos unitarios por toma de agua y por agua suministrada. Estos últimos se obtienen a partir de la información expuesta en el cuadro 7.

Al analizar la información del cuadro 8 se observa que Nuevo León es el estado con el mayor costo unitario por agua suministrada (6.78 pesos/m³), así como el costo unitario por toma de agua (2 629 pesos/ toma). Un hecho que puede ayudar a explicar estos altos costos es que es el único estado que obtiene una eficiencia de 100% entre la producción de agua y el suministro, aunque ciertamente no es el que tiene el mayor volumen de agua suministrada por toma de agua, que está por debajo de la media nacional con 388 m^3/toma (cuadro 7). Situación opuesta al estado de Nuevo León es la de los estados de Tabasco y Morelos. Ambos tienen la eficiencia más alta de producción-suministro de agua, 97%, pero sus respectivos costos unitarios por agua suministrada son de los más bajos del país, 1.2 pesos/m^3, por debajo de la media nacional que es de 2.55 pesos/m^3. Oaxaca obtiene el costo unitario de suministrar agua más bajo a nivel nacional con un monto de 0.67 pesos/m^3 y su nivel de eficiencia entre la producción de agua y su suministro es de 89 por ciento.

Se mencionó líneas arriba que Aguascalientes tiene la eficiencia más baja entre producción y suministro de agua con tan sólo 46%, por lo que se generan pérdidas de 54% (cuadro 7). Además, a este valor de tan baja eficiencia Aguascalientes se encuentra entre los estados con mayor costo unitario por agua suministrada (4.12 pesos/m^3). Caso similar es el de Baja California ya que registra el segundo costo unitario más alto por suministrar agua (6.17 pesos/m^3) y una eficiencia de producción-suministro de agua menor a 75 por ciento.

Mientras una alta eficiencia entre la producción-suministro de agua podría ayudar a explicar un alto costo unitario de suministrar el recurso, como el caso de Nuevo León, no se cumple para Aguascalientes y Baja California que tienen altos costos unitarios pero una baja eficiencia de producción-suministro, por lo que sería riesgoso intentar establecer una correlación directa entre estas dos variables.

II. A MANERA DE CONCLUSIÓN

El presente trabajo de investigación se puso como objetivo principal obtener los costos totales de abastecimiento, así como los costos unitarios por metro cúbico de agua producida para el uso municipal. Como una primera acción se analizaron las posibles fuentes de información que permitieran lograr este objetivo. A partir de los datos extraídos del I Censo de Captación, Tratamiento y Suministro de Agua (INEGI, 1999) se evaluaron los costos totales y unitarios de producción de agua para una muestra de 2 356 organismos operadores en el país. Entre los resultados se obtiene el costo unitario de agua producida, así como el costo unitario por agua suministrada. El promedio nacional es 1.95 pesos/m^3 y 2.55 pesos/m^3, respectivamente.

Entre los estudios aplicados en México se localizó el documento "Sistema financiero del agua: SFA" (Banco Mundial, 2005) en el que haciendo uso de la misma fuente de información INEGI (1999) calculan el precio promedio (2.38 pesos/m³) para los organismos operadores en México. Este precio promedio lo obtienen de dividir el monto facturado de todos los organismos operadores por el número de conexiones a las que dan el servicio.

A manera de conclusión respecto al comportamiento financiero de los organismos operadores en México se hace uso de la información obtenida en el informe del "Sistema financiero del agua" y de la valoración del costo unitario por agua suministrada (cuadro 8, última columna), para evaluar la ganancia (precio menos costo) del organismo operador. Este valor se puede considerar como una buena aproximación del beneficio del organismo operador ya que, por un lado, el precio promedio considera lo que se obtuvo de la facturación y, por el otro, el costo unitario toma en cuenta tanto los costos de operación y mantenimiento, así como los costos de capital del organismo operador. El cuadro 9 muestra estos resultados.

Es importante tener claro que se usa el costo unitario por agua suministrada y no por agua producida, ya que la facturación es de los volúmenes de agua suministrada, que es la que se conecta directamente a las tomas de los usuarios.

Primer hecho por destacar es que la ganancia media a nivel nacional es negativa, −0.17 pesos/m³, lo que implica que en promedio los organismos operadores no recuperan sus costos por el suministro del agua, que es el caso para 65% de los estados. Sólo 11 estados obtienen una ganancia positiva aunque en cinco estados ésta es mayor a un peso por metro cúbico. El Estado de México tiene una ganancia de 0 y el Distrito Federal alcanza una ganancia más alta, 2.37 pesos/m³, el único por encima de los dos pesos. Por lo que podemos concluir, a partir de la información anterior, es que el comportamiento financiero de los organismos operadores en México es el de un organismo no rentable, de pérdida.

Existen estadísticas de las que se puede inferir que parte de la razón de estas pérdidas obedece a la baja eficiencia en la facturación y recaudación por un lado, pero también a la baja eficiencia en la conducción. De la información del INEGI (1999) se tiene que se desinfecta 82%, se suministra 76% y se factura únicamente 59%, todos estos valores con respecto al volumen total de agua producida, lo que

CUADRO 9. *Costo, precio y beneficio del organismo operador*

Estado	Costo unitario por agua suministrada (pesos/m^3)	Precio promedio (pesos/m^3)	Beneficio promedio (pesos/m^3)
Total	2.55	2.38	−0.17
Aguascalientes	4.12	3.96	−0.16
Baja California	6.17	5.44	−0.73
Baja California Sur	5.07	3.24	−1.83
Campeche	1.09	0.81	−0.28
Chiapas	0.98	1.22	0.24
Chihuahua	2.65	2.86	0.21
Coahuila de Zaragoza	1.80	2.83	1.03
Colima	1.74	1.22	−0.52
Distrito Federal	3.08	5.45	2.37
Durango	1.46	2.49	1.03
Guanajuato	2.12	2.14	0.02
Guerrero	1.93	3.18	1.25
Hidalgo	1.23	0.92	−0.31
Jalisco	3.92	1.75	−2.17
México	1.89	1.89	0.00
Michoacán de Ocampo	1.13	0.95	−0.18
Morelos	1.21	1.15	−0.06
Nayarit	0.89	1.72	0.83
Nuevo León	6.78	4.02	−2.76
Oaxaca	0.67	0.39	−0.28
Puebla	3.24	1.12	−2.12
Querétaro de Arteaga	4.47	3.14	−1.33
Quintana Roo	3.40	4.76	1.36
San Luis Potosí	1.77	1.95	0.18
Sinaloa	2.25	2.04	−0.21
Sonora	1.99	1.69	−0.30
Tabasco	1.20	0.34	−0.86
Tamaulipas	2.59	2.10	−0.49
Tlaxcala	0.76	0.66	−0.10
Veracruz Llave	1.38	1.42	0.04
Yucatán	1.08	0.88	−0.20
Zacatecas	2.47	1.30	−1.17

manifiesta un problema de ineficiencia en el uso y conservación del agua.

Aun cuando a partir de 1999 se han producido una serie de decretos y programas para presionar a los organismos operadores a aplicar mejores acciones en la recaudación, y que estas reformas han generado efectos inmediatos, la consecuencia global no ha sido mayor, ya que a pesar de que la recaudación se ha incrementado esto no implica que se esté generando una recuperación directa de los costos por el suministro del agua. Los decretos y programas han sido principalmente modificados y elaborados en el sentido de que los organismos operadores orienten sus acciones hacia el mejoramiento en la eficiencia y en la infraestructura de agua potable, alcantarillado y tratamiento de aguas residuales.

Lo anterior se puede corroborar al comparar los resultados obtenidos de la información del INEGI (1999) con los del estudio de CNA (2004), que no están muy alejados, ya que mientras en el INEGI se tiene que los organismos operadores localizados en 65% de los estados tienen pérdidas, en el documento de CNA 58% de las localidades ahí analizadas tienen pérdidas en la producción de agua (Guerrero García Rojas, 2005). Esto es, aun cuando la recaudación ha aumentado, ésta no ha sido de la magnitud necesaria para permitir una mayor recuperación de los costos por el suministro del servicio y que se refleje en menores pérdidas para los organismos operadores. Además es importante recordar que el estudio de CNA registra únicamente los costos de operación y mantenimiento a diferencia del de INEGI, que considera también los costos de capital, por lo que seguramente el margen de diferencia en los porcentajes presentados en estos dos estudios es menor.

De manera complementaria al presente estudio también se analizó la disposición al pago (DAP) de los usuarios para mejorar del servicio de agua. El porcentaje de los ingresos promedios mensuales por familia que está dispuesta a pagar por el saneamiento y mantenimiento del servicio en México es similar al de otras regiones del mundo. En lo que corresponde al mejoramiento del servicio en la ciudad de México y en Guadalajara la disposición a pagar es de una proporción 4% del ingreso familiar, mientras que en otros países el porcentaje en este concepto es a lo máximo 3.5% del ingreso familiar.[2]

Ejercicios relacionados con la estimación de la elasticidad precio de la demanda en México son pocos pero sus resultados son bastante próximos a los obtenidos en la bibliografía internacional, en la que los valores oscilan entre – 0.10 y – 0.50. El nivel mínimo de respuesta en México ocurre en localidades urbanas, – 0.13, mientras que en las comunidades rurales se presenta una elasticidad de – 0.30 y la máxima en los municipios del Estado de México, – 0.58, valores que se localizan en la media de los registrados en la bibliografía.[3]

[2] Los pormenores de la información aquí resumida se obtienen en los cuadros 6.6 y 6.7 en Guerrero García Rojas (2005).

[3] Estos datos son registrados en los cuadros 6.3 y 6.4 en Guerrero García Rojas (2005). Asimismo se puede revisar el trabajo de IMTA (2001) y el estudio INE-UNAM(2004).

III. Consideraciones de Política

A partir de los resultados mostrados líneas arriba, en esta sección se proponen una serie de políticas para una mejor gestión del recurso agua en busca de su uso eficiente según un contexto sostenible. Estas políticas están respaldadas en los objetivos del Programa de Devolución de Derechos (Prodder), que

> tiene como objetivo coadyuvar a la realización de acciones de mejoramiento de eficiencia y de infraestructura de agua potable, alcantarillado y tratamiento de aguas residuales en municipios, mediante la devolución a los prestadores de los servicios de agua potable y saneamiento de los ingresos federales que se obtengan por la recaudación de los derechos por la explotación, uso o aprovechamiento de aguas nacionales. Son sujetos o candidatos al Programa todos aquellos prestadores del servicio, que habiendo cubierto los derechos federales por el uso o aprovechamiento de aguas nacionales, por servicio público urbano, con poblaciones mayores a 2 500 habitantes, soliciten su adhesión, presentando para ello un Programa de Acciones, donde se comprometan a invertir junto con los recursos federales devueltos, al menos otra cantidad igual. (CNA, 2005).

Por lo que se puede identificar dos actores en las acciones de Prodder: *i*) la participación económica por parte de los ingresos federales devueltos a los prestadores de servicios y *ii*) los prestadores del servicio con la participación uno a uno en relación con los ingresos federales.

Para este uso se rescatan principalmente tres puntos como consideraciones de políticas en lo que corresponde a la eficiencia en los organismos operadores y la estructura de las tarifas de agua de uso municipal.

i) Es importante poner atención en que Prodder no se convierta en un subsidio de las pérdidas financieras que tienen los prestadores del servicio, sino que realmente sea el medio para corregir las ineficiencias en la conducción, facturación y recaudación del agua para un uso eficiente del recurso y por ende ayudar a su conservación. Por ello es fundamental incorporar los resultados del presente estudio en cuanto a la determinación de los costos totales y el costo unitario en la producción y suministro del servicio, para la toma de decisiones respecto a la asignación de los recursos económicos.

ii) De los resultados de la disposición a pagar (DAP) se infiere que los usuarios están dispuestos a asignar en promedio 4% de su ingreso, esto en las dos principales ciudades del país (Guadalajara y ciudad de México). A partir de esta información se deberá buscar la manera de comprometer al usuario como un tercer actor del Prodder. Por un lado los recursos federales devueltos, por otro el prestador del servicio y un tercer participante, el usuario, tomando en cuenta los montos que éste está dispuesto a pagar por el mejoramiento, el saneamiento y el mantenimiento de los servicios del agua. Para ello será necesario realizar más estudios de la disposición al pago para diferentes regiones, ciudades, estratos socioeconómicos y tamaño de población. Se considera importante que se incorpore el usuario como parte del Prodder, ya que es el que tiene que tomar mayor conciencia de la importancia de hacer un uso eficiente del agua. Sin embargo, es conveniente que en el proceso de evaluar la DAP se analice también la capacidad real de pago por parte del usuario, ya que la disposición no se traduce forzosamente en capacidad para pagar.

iii) Que las tarifas por los servicios de agua incluyan los costos totales (operación y mantenimiento, costos de recuperación de las inversiones, etc.) de manera que estas tarifas sean un reflejo más real de los costos en los que incurre el prestador del servicio, que aunado al incremento en la eficiencia comercial que se busca por medio del Prodder, conlleven a que los organismos operadores se conviertan en empresas financieramente rentables. Es obvio que las tarifas no pueden incrementarse indiscriminadamente para cubrir todos los costos, considerando que el nivel de respuesta de los usuarios no es el mismo, pero sí puede hacerse uso de las estimaciones de la elasticidad precio de la demanda del agua mostradas en diferentes estudios a nivel nacional, urbano y rural. Aunque es importante realizar más estudios respecto a la demanda del agua de uso municipal que ayuden la toma de decisiones y acciones para un uso eficiente del agua.

Ciertamente el agua es un recurso al cual todos los usuarios deben tener acceso, pero es importante que el usuario tenga conciencia del concepto de eficiencia en el uso del recurso, por lo cual es necesario empezar a enviar las señales adecuadas al respecto por medio de la correcta determinación (y aplicación) de las tarifas del agua, en donde se consideren los costos totales, y autorizar una tarifa única para un consumo mínimo, en busca de contrarrestar el efecto pernicioso que el subsidio tiene en la determinación de estas tarifas.

APÉNDICE

Activos fijos netos. Es el valor de todos los bienes muebles e inmuebles que tienen capacidad de producir o que coadyuvan a la producción de bienes y servicios, y cuya vida útil es superior a un año.

Agua producida. Es la suma de agua potable de todas las fuentes de captación y abastecimiento, ya sean subterráneas o superficiales, más el volumen de agua en bloque adquirida que se incorpora a la red primaria para su distribución.

Agua suministrada. Es la cantidad de agua potable medida que proviene de la red primaria y que fluye en la red secundaria o de distribución, la cual se conecta directamente a la toma de los usuarios.

Gastos derivados de la actividad. Es el importe de los bienes y servicios que fueron realmente consumidos por el organismo operador en el desarrollo de sus actividades, se hayan hecho las compras durante 1998, o provengan de existencias anteriores. Su valoración es el monto facturado, es decir, el precio de compra de los bienes adquiridos, más todas las erogaciones en que se incurrió para ponerlos en el organismo operador, como impuestos indirectos (excepto el IVA), seguros, fletes, almacenaje en tránsito, maniobras de carga y descarga, etc., debiendo deducirse las compensaciones, descuentos, rebajas y otras concesiones recibidas.

Gastos no derivados de la actividad. Son los gastos que no tienen una relación directa con la actividad productiva del organismo operador. Éstos se constituyen por donaciones, intereses sobre créditos y/o préstamos financieros recibidos, otros costos financieros, impuestos indirectos, gastos fiscales, etcétera.

Ingresos por derecho de conexión. Es el importe que el organismo operador recibe en el momento en que realiza el contrato de abastecimiento de agua potable, por el derecho de una toma de agua, ya sea doméstica, comercial, industrial o pública. Incluye la instalación de medidores.

Pago por derechos de descargas de aguas residuales. Es el importe que paga el organismo operador a la Comisión Nacional del Agua por los derechos de uso o aprovechamiento de bienes de dominio público de la nación, como cuerpos receptores de las descargas de agua.

Pago por derechos de explotación. Es el importe que paga el organismo operador a la Comisión Nacional del Agua por los derechos de explotación, uso y aprovechamiento de las aguas nacionales.

Pago por suministro de agua en bloque. Es el importe que paga el organismo operador por la cantidad de agua comprada a la Comisión Nacional del Agua o a otro organismo. Excluye los anticipos realizados por el organismo operador para cubrir los pagos por el suministro de agua en bloque.

Remuneraciones. Son todos los pagos en salarios y sueldos realizados por cada organismo operador, así como las prestaciones sociales e indemnizaciones al personal ocupado que depende administrativamente del mismo.

REFERENCIAS BIBLIOGRÁFICAS

Banco Mundial (2005) "Sistema financiero del agua: SFA", cap. 3, México.

CNA (2004), "Situación del subsector agua potable, alcantarillado y saneamiento, a diciembre de 2003", México, México, Comisión Nacional del Agua, diciembre 2004 (http:\\www.cna.gob.mx).

—— (2005), "Programa de Devolución de Derechos", México, Comisión Nacional del Agua (http:\\www.cna.gob.mx), en Programas/Agua Potable, Alcantarillado y Saneamiento/(Prodder).

Guerrero García Rojas, H. (2005), "The Cost of Providing and the Willingness to Pay for Water in the Municipal and Industrial Sectors", Background Paper ESW, Banco Mundial, mayo.

IMTA (2001), "Parámetros para evaluación de proyectos de abastecimiento de agua potable en programas de inversión", Instituto Mexicano de Tecnología del Agua, Reporte Interno.

INE-UNAM (2004), "Una evaluación econométrica de la demanda de agua de uso residencial en México", México, Instituto Nacional de Ecología, Documento de Trabajo (INE-DGIPEA/01/03).

INEGI (1999), "I Censo de Captación, Tratamiento y Suministro de Agua", México, Instituto Nacional de Estadística, Geografía e Informática (http:\\www.inegi.gob.mx).

Segui, L. (2004), "Sistemas de regeneración y reutilización de aguas residuales. Metodología para el análisis técnico-económico y casos", tesis doctoral, Departamento de Ingeniería Agroalimentaria y Biotecnologíam, Universidad Politécnica de Cataluña (www.tdx.cesca.es).

5. CÓMO EVITAR EL AGOTAMIENTO DE LOS ACUÍFEROS
Análisis del desacoplamiento del subsidio a la tarifa eléctrica de bombeo agrícola

Sara Ávila Forcada, Alejandro Guevara Sanginés
y Carlos Muñoz Piña

INTRODUCCIÓN

LOS SUBSIDIOS atados o acoplados a la producción tienen desventajas claras en términos de eficiencia económica, porque desvían recursos de donde podrían ser más productivos; pero también es contundente la consecuencia negativa en términos ambientales, ya que se generan incentivos a una mayor expansión de la actividad económica en áreas naturales o una mayor descarga de contaminantes. Desafortunadamente esta degradación ambiental inducida ni siquiera tiene beneficios económicos reales. La sugerencia es desacoplar estos subsidios: convertirlos en apoyos directos hacia los grupos vulnerables o hacia los sectores productivos que se pretende impulsar. De esta manera desaparece el incentivo para utilizar más cantidad de combustible, agua, plaguicidas o electricidad que la óptima para la productividad del sector.

A partir de la Ronda de la Organización Mundial de Comercio en Uruguay y más contundentemente después de la reunión de Doha, en 2001, la bibliografía se ha ocupado de revisar los efectos en las economías del desacoplamiento de los subsidios agrícolas. Mayrand, Dionne, Paquin y Pageot (2003) concluyen que la intervención de los gobiernos mediante subsidios y otros apoyos tienen efectos en el comercio, la estructura de la industria y la ubicación de la producción, efectos que a su vez influyen en el estado del medio ambiente. Ellos toman el ejemplo del trigo y analizan diversas circunstancias inducidas por el US Farm Bill de 2002 y la Ronda de Doha. En términos generales concluyen que el desacoplamiento de subsidios agrícolas promueve la eficiencia del apoyo al campo, favorece la diversificación de la producción y la agrobiodiversidad. Parry (1997) se ocupa del tema de la financiación del subsidio. El perjuicio del subsidio pue-

CUADRO 1. *Elasticidad precio del agua en la bibliografía*

Autores	Descripción	Decisión del agente	Elasticidad[a]
Howitt *et al* (1980)	Demanda por agua de riego en estados del oeste de los Estados Unidos (programación)	Puede elegir cambio en cultivo	De −1
Ogg y Gollehon (1989)	Demanda por agua en el oeste de los Estados Unidos por regiones climáticas[b]	Puede elegir cambio tecnológico, mejoramiento administrativo, cambio de cultivos o la aplicación de menos agua por hectárea	Todas las regiones: Baja: −0.34 Media: −0.22 Alta: −0.24
Hooker y Alexander (1998)	Demanda por agua de riego en el Valle Central de California[c]	Puede elegir entre tres cultivos y cuatro tecnologías de riego	Precios bajos: −0.12 Precios altos: −1.2
Just, Zilberman, Hochman (1993)	Estimación de funciones de producción multicultivo en Israel	Puede elegir cambio de cultivo y tecnología	Tomate: −0.037 Melón: −0.0049 Cebolla: −0.05
Sauer (2004)	Estimación demanda agrícola de agua en el este de Alemania	Puede elegir cambio en cultivos	De −0.09

[a] Todas las estimaciones son de corto plazo.

[b] Las regiones se definieron con base en el requerimiento consuntivo de riego (CIR, por sus siglas en inglés). Este requerimiento se calculó para cada cultivo tomando como cultivo de referencia la alfalfa.

[c] El ejemplo se refiere al tomate.

de ser mayor cuando se financia con impuestos distorsionantes. En ese caso hay una doble pérdida en bienestar social: la distorsión que provoca el subsidio y la que provoca el impuesto. Desde luego, que el tamaño del efecto dependerá de los montos del subsidio y del impuesto.

Diversos autores se han dado a la tarea de analizar el efecto de la eliminación de subsidios al sector agrícola mediante el uso de modelos de equilibrio general. Tokarick (2003) concluye que el apoyo al campo en países industrializados es muy distorsionante. Además concluye que de eliminarse estos apoyos los precios de los alimentos aumentarían, aunque sólo en una proporción muy pequeña. Sin embargo, reitera que los beneficios más importantes en términos comerciales son para los países que liberan. Moschini y Sckokai (1994) concluyen que el desacoplamiento de subsidios agrícolas (que requieren cierta recaudación) representa una opción para disminuir la pérdida en bienestar social. Coady y Harris (2004) demuestran mediante un modelo de equilibrio general que los costos en bienestar de los efectos distorsionantes y redistributivos son menores en subsidios directos que en subsidios indirectos.

A diferencia de los artículos antes mencionados, esta investigación se centra en un tipo de subsidio: el subsidio a la tarifa eléctrica de bombeo agrícola. Además, en lugar de optar por el modelo de equilibrio general, se elige un modelo de equilibrio parcial por sus características de certidumbre y precisión de este mercado en particular. De este modo es posible conocer la elasticidad de la demanda de agua y el efecto de diferentes políticas de subsidio, entre ellas el desacoplamiento. La elasticidad de la demanda de agua ha sido motivo de investigación de diversos autores. Los factores que inciden de manera importante en el tamaño de la elasticidad son el tipo de cultivo que se considera así como la tecnología de riego, que nos refieren respectivamente a decisiones de corto y largo plazos. En el cuadro 1 se hace un resumen de los principales hallazgos en materia de elasticidades.

I. Descripción de la tarifa 09

En promedio, el costo de producir electricidad en México es de 1.44 pesos por kilovatio/hora (kw/h). La tarifa promedio[1] para los agricultores es de 33 centavos por kw/h. La tarifa única, también llamada tarifa 9CU, se creó en 2003 y aplica para los usuarios que tienen una concesión para el uso de agua subterránea. En un principio la cuota única fue de 30 centavos por kw/h; en 2006, la cuota fue de 36 centavos por kw/h. Para estos usuarios que tienen concesión también aplica la tarifa "nocturna" (la 09N), que funciona entre las 10 pm y las 8 am, y que cobra 18 centavos por kw/h; mientras que la tarifa para quienes no tienen un título de concesión oscila entre los 7 centavos y un peso por kw/h. La gráfica 1a muestra la tarifa 09 y la tarifa 9CU en términos reales. La política de la autoridad fiscal ha sido encarecer en términos reales el precio para los usuarios de tarifa 09 que no tienen concesión pero que demuestran que utilizan el agua con fines agrícolas.

Según datos proporcionados por la Comisión Federal de Electricidad (CFE) para 2002 y 2003, el número de usuarios de tarifa eléctrica para bombeo agrícola fue de 96 164. De éstos, 55 mil tienen concesión

---

[1] Considerando agricultores con y sin concesión, además de todos los escalones tarifarios.

GRÁFICA 1a. *Tarifa única, 9CU y tarifa 09 en términos reales y nominales*

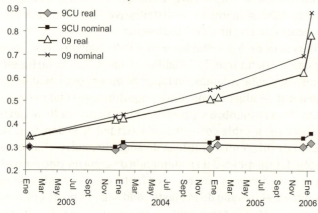

CUADRO 2. *Número de usuarios y monto del subsidio de tarifa 09*

	Número de usuarios	Subsidio promedio por usuario (pesos al año)	Monto anual total del subsidio (millones de pesos)	Número de usuarios que reciben un subsidio anual por encima del promedio	Número de usuarios que reciben un subsidio anual por debajo del promedio
Usuarios con concesión	54 499	17 787	969	16 697	37 802
Usuarios sin concesión	41 665	17 297	721	10 965	30 700
Total	96 164		1 690	27 662	68 502

FUENTE: CFE usuarios tarifa de bombeo agrícola 2002 y 2003.

y 41 mil no la tienen. Entre todos reciben un subsidio anual por concepto de electricidad para bombeo de 1 690 millones de pesos (cuadro 2). Como sucede con los subsidios agrícolas en los Estados Unidos (Goodwin *et al*, 2003), también sucede en el caso del subsidio a la tarifa 09: la distribución es muy desigual. Por un lado, más de 68 mil usuarios reciben un subsidio de menos de 20 mil pesos anuales, mientras que en el otro extremo hay 33 usuarios que reciben un subsidio mayor a los 500 mil pesos anuales. La disparidad tiene relación con la cantidad del consumo de energía: los que consumen más naturalmente reciben un mayor subsidio.

El índice de Gini para la tarifa 09 es de 0.91 entre los usuarios. A pesar del altísimo nivel de desigualdad estimado, debe notarse que

CUADRO 3. *Distribución del subsidio entre los usuarios*

	Número de usuarios sin concesión	Número de usuarios con concesión	Total	Porcentaje del total
Sin subsidio	3 739	4 783	8 522	9.10
Subsidio menor a 500 pesos	7 356	9 535	16 891	18.00
Subsidio entre 500 y 1 000 pesos	2 643	3 659	6 302	6.70
Subsidio entre 1 000 y 5 000 pesos	7 101	9 623	16 724	17.80
Subsidio entre 5 000 y 10 000 pesos	3 770	5 384	9 154	9.70
Subsidio entre 10 000 y 20 000 pesos	4 382	6 291	10 673	11.40
Subsidio mayor a 20 000 pesos	10 881	14 764	25 645	27.30
Subsidio mayor a 500 000 pesos	11	22	33	0.04
Total	39 872	54 039	93 911	

FUENTE: CFE, usuarios tarifa de bombeo agrícola 2002 y 2003. Se excluyen las observaciones con error.

GRÁFICA 1b. *Distribución del subsidio*

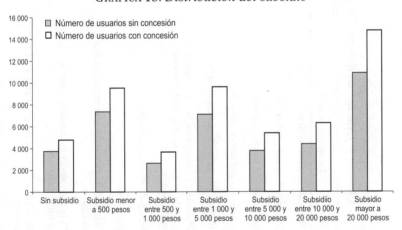

sin embargo, la mayor disparidad radica en que alrededor de 70% de los agricultores en México son agricultores de temporal y por tanto no tienen acceso alguno a este subsidio.

II. FUENTES DE INFORMACIÓN

La información empleada en este trabajo proviene de la base de datos de usuarios de la tarifa 09 de la Comisión Federal de Electricidad en el periodo 2002-2003 y de una encuesta realizada entre 2002 y 2003 que se aplicó a una muestra representativa de unidades de riego a lo

CUADRO 4. *Estadística descriptiva de las variables*

Variable	Unidad de medida	Media	Desviación estándar	Mínimo	Máximo
Volumen total extraído	Miles de metros cúbicos	375	437	10	7 000
Precio sombra del agua	Pesos por metro cúbico	0.09	0.06	0	0.4
Log (volumen total extraído)	Ln (miles de metros cúbicos)	5.42	0.98	2.3	8.57
Log (precio sombra del agua)	Ln (pesos por metro cúbico)	-2.6	0.73	-7.67	-0.91
Temperatura promedio	Grados centígrados promedio anual	21	3.8	8.5	30
Índice de marginación	Medida de Conapo en la que entre más grande el número, mayor el nivel de marginación	-0.4	0.76	-2.3	2.54
Volumen concesionado	Miles de metros cúbicos	384	3 184	1	90 000
Superficie agrícola	Hectáreas	41	47	2	430
Número de usuarios	Número de personas que utilizan agua del pozo	15	36	1	490
Dicotómica	Si la tecnología de riego es rodado = 1; si no rodado = 0	0.47	0.5	0	1
Dicotómica	Si la tecnología de riego es goteo = 1; si no = 0	0.05	0.21	0	1

Dicotómica	Si el cultivo pertenece al grupo de las frutas = 1; si no frutas = 0	0.23	0.42	0	1
Dicotómica	Si el cultivo pertenece al grupo de las hortalizas = 1; si no hortalizas = 0	0.07	0.25	0	1
Dicotómica	Si el cultivo es un tipo de pasto, pastos = 1; si no pastos = 0	0.45	0.5	0	1
Distancia a la localidad de más de 100 mil habitantes más cercana	Kilómetros	74.2	54.4	0.8	308.7
Precipitación acumulada en el año agrícola de la encuesta	Milímetros	635.8	355.5	125	2 250.00
Tipo de tecnología	0 indica rodado, 1 indica aspersión y 2 indica goteo	1	1	0	2
Tipo de cultivo	Los cultivos se organizaron en cinco quintiles; donde uno es el quintil que menos requerimiento de agua tiene y cinco es el quintil de cultivos con mayor requerimiento de agua	3	1	1	5
Proporción extracción/ recarga	Miles de metros cúbicos que se extraen al año se dividen entre miles de metros cúbicos que se recargan al año	0.79	0.75	0.03	9.57

FUENTE: Encuesta Colegio de Posgraduados, 2002-2003.

GRÁFICA 2. *Proporción de extracción/volumen concesionado*[a]

(Miles de m^3)

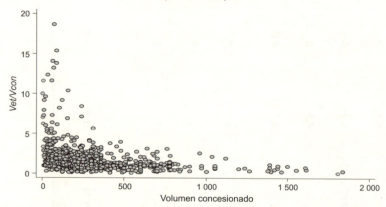

FUENTE: A partir de cálculos realizados por DEEM-DGIPEA del INE con información del Programa de Uso Eficiente del Agua y la Energía Eléctrica.

[a] *Vet/Vcon* representa la proporción del volumen extraído/volumen concesionado.

largo del país de la que se obtuvieron 1 160 observaciones. Un hecho que llama la atención al revisar la información contenida en el cuadro 4 es que es común encontrar que los usuarios de pozo consumen más agua de la que autoriza su concesión, además de que no hay relación alguna entre el monto concesionado y el volumen total extraído. La prueba *T* determina que el volumen total extraído es estadísticamente mayor que el volumen concesionado (véase apéndice 2). Esto indica que la concesión no es una variable restrictiva para determinar cuánta agua consumen. Acaso las consecuencias metodológicas pueden carecer de importancia, pero desde el punto de vista de la sostenibilidad se trata de un problema de gobernabilidad que será necesario atender.

III. LA MODELACIÓN

En primer término se explora el modelo lineal para conocer la relación entre las variables. El modelo tiene la siguiente forma funcional:

Volumen total extraído $= \alpha + \beta_1$ *Precio* $+ \beta_2$ *Temperatura* $+$

$+ \beta_3$ *Marginación* $+ \beta_4$ *Volumen concesionado* $+ \beta_5$ *Superficie*

agrícola $+ \beta_6$ *Usuarios* $+ \beta_7$ *Rodado* $+ \beta_8$ *Goteo* $+ \beta_9$ *Frutas* $+$

$+ \beta_{10}$ *Hortalizas* $+ \beta_{11}$ *Pastos* $+ \beta_{12}$ *Distancia* $+ \beta_{13}$ *Precipitación*

Se corrige por heteroscedasticidad, y el resultado se presenta en el cuadro 5.

Hay una relación clara entre el precio sombra del agua y el volumen total extraído. Esto se debe principalmente a que los costos de bombeo varían según la profundidad del acuífero. La temperatura no resulta ser un factor decisivo en la cantidad de agua que se utiliza; su efecto se minimiza porque hay otras variables más importantes, como el tipo de cultivo, la superficie agrícola y la tecnología de riego. La relación entre el índice de marginación y el agua que se extrae es negativa y significativa: cuanto mayor es la marginación menos agua se extrae. En otras palabras, se extrae más agua con el propósito de riego cuando la localidad presenta mayor desarrollo, infraestructura e ingreso medido por el índice de marginación del Conapo.[2] Se observa que el volumen concesionado no es una variable relevante para determinar el agua demandada, problema que se trata con mayor detenimiento líneas abajo. La superficie agrícola, como es de esperarse, incide de manera importante en el volumen de agua que se extrae del pozo. El número de usuarios incide positivamente en el volumen de agua que se extrae. En este caso puede tratarse de un problema de acción colectiva: los costos para ponerse de acuerdo en el cuidado de un bombeo sostenible de agua crecen cuanto más implicados hay para lograr el consenso.

La variable que indica cuándo el riego es de tipo rodado resulta significativa y positiva, lo que refleja que en efecto se utiliza más agua con tecnología de riego rodado que con aspersores. La variable dicotómica de goteo no resulta significativa por dos razones: por un lado, la diferencia entre la eficiencia de riego por goteo y por aspersores en algunos casos es mínima y, por el otro, la diferencia entre la eficiencia del riego por goteo y el riego rodado es muy grande, efecto que se absorbe con la variable dicotómica de goteo. Lo mismo sucede con las variables que explican el tipo de cultivo: la intensidad del uso de agua de los pastos comparado con el requerimiento de agua de los granos es tan grande que minimiza el efecto del cultivo de hortalizas o frutas.

---

[2] Dicho indicador mide el rezago de una localidad en términos de una serie de indicadores, como la escolaridad, el acceso a los servicios y viviendas con sanitario, conexión de agua y drenaje, así como el porcentaje de la población con ingresos superiores a dos salarios mínimos.

CUADRO 5. *Relación lineal entre variables*

	Coeficientes robustos	Error estándar	t	P > t	[95% intervalo de confianza]	
Precio sombra del agua	-1 902.01	307.71	-6.18	0.00	-2 505.75	-1 298.27
Temperatura	-1.70	4.07	-0.42	0.68	-9.68	6.28
Índice de marginación	-38.17	10.89	-3.50	0.00	-59.54	-16.80
Volumen concesionado	0.00	0.00	0.69	0.49	0.00	0.00
Superficie agrícola	4.98	0.52	9.50	0.00	3.95	6.01
Número de usuarios	2.26	1.27	1.78	0.07	-0.24	4.76
Dicotómica rodado	125.99	23.97	5.26	0.00	78.97	173.01
Dicotómica goteo	97.12	75.11	1.29	0.20	-50.24	244.48
Dicotómica frutas	52.33	39.14	1.34	0.18	-24.46	129.13
Dicotómica de hortalizas	-8.22	44.17	-0.19	0.85	-94.88	78.43
Dicotómica de pastos	93.86	38.33	2.45	0.00	18.65	169.07
Distancia a la localidad de 100 mil habitantes más cercana	-0.29	0.15	-1.95	0.05	-0.59	0.00
Precipitación	-0.02	0.04	-0.63	0.53	-0.09	0.05
Constante	244.78	95.29	2.57	0.01	57.81	431.74

$R^2 = 0.395$

CUADRO 6. *Modelo de demanda*

(Controlando por cultivo y tecnología de riego)

Ln (volumen total extraído)	Coeficientes robustos	Error estándar	t	P > t	[95% intervalo de confianza]	
Ln (precio sombra del agua)	-0.358	0.037	-9.800	0.000	-0.430	-0.287
Temperatura	0.009	0.006	1.500	0.133	-0.003	0.020
Índice de marginación	-0.090	0.030	-3.040	0.000	0.148	-0.032
Volumen concesionado	0.000	0.000	1.210	0.200	0.000	0.000
Superficie agrícola	0.012	0.001	9.860	0.000	0.009	0.014
Número de usuarios	0.002	0.001	1.340	0.090	-0.001	0.004
Tipo de riego por rodado	0.033	0.053	6.330	0.000	0.230	0.437
Tipo de riego por goteo	-0.182	0.160	-1.140	0.200	-0.496	0.132
Tipo de cultivo de frutas	0.092	0.072	1.290	0.197	-0.048	0.232
Tipo de cultivo de hortalizas	0.010	0.089	0.120	0.907	-0.163	0.184
Tipo de cultivo de pastos	0.187	0.062	2.980	0.003	0.063	0.310
Distancia a la localidad de 100 mil habitantes más cercana	0.001	0.000	3.950	0.000	0.001	0.002
Precipitación	0.000	0.000	-1.730	0.800	0.000	0.000
Constante	4.192	0.160	26.200	0.000	3.878	4.506

$R^2 = 0.53$

CUADRO 7. *Modelo de demanda de largo plazo*
(Sin controlar por tecnología de riego ni tipo de cultivo)

Ln *(volumen total extraído)*	*Coeficientes robustos*	*Error estándar*	*t*	*P > t*	*[95% intervalo de confianza]*	
Ln (precio sombra del agua)	−0.408	0.040	−10.900	0.000	−0.480	−0.330
Temperatura	0.018	0.010	2.960	0.000	0.030	0.010
Índice de marginación	−0.119	0.030	−3.960	0.000	−0.180	−0.060
Volumen concesionado	0.000	0.000	0.470	0.640	0.000	0.000
Superficie agrícola	0.011	0.000	11.110	0.000	0.010	0.010
Número de usuarios	0.002	0.000	1.890	0.000	0.000	0.000
Distancia a la localidad de 100 mil habitantes más cercana	0.001	0.000	4.190	0.000	0.000	0.000
Precipitación	0.000	0.000	−3.110	0.000	0.000	0.000
Constante	4.226	0.140	30.260	0.000	3.950	4.500

$R^2 = 0.5076$

CUADRO 8. *Modelo censurado*

Ln *(volumen total extraído)*	*Coeficientes robustos*	*Error estándar*	*t*	*P > t*	*[95% intervalo de confianza]*	
Lnpsomb2	−0.2300	0.030	−8.75	0.000	−0.2866	−0.1816
Temp	−0.0200	0.010	−3.37	0.001	−0.0324	−0.0085
I-marg	−0.0700	0.030	−2.54	0.011	−0.1163	−0.0149
Sup_ag	0.0300	0.000	29.79	0.000	0.0256	0.0292
Usuarios	0.0000	0.000	1.41	0.159	−0.0004	0.0027
Rodado	0.3000	0.040	6.67	0.000	0.2112	0.3872
Goteo	−0.4100	0.100	−4.14	0.000	−0.6021	−0.2149
Frutas	0.3200	0.060	5.68	0.000	0.2098	0.4309
Hortalizas	−0.0100	0.080	−0.15	0.883	−0.168	0.1445
Pastos	0.4700	0.050	8.98	0.000	0.3675	0.5731
Dist_100k	0.0000	0.000	1.62	0.105	−0.0001	0.0012
Prec	0.0000	0.000	−0.66	0.510	−0.0002	0.0001
_cons	3.8000	0.130	28.32	0.000	3.5404	4.0676

Otra variable que resulta significativa es la que refleja la distancia a la localidad de más de 100 mil habitantes que se encuentra más cercana. Dicha variable se considera un indicador del acceso a los mercados. El resultado indicaría, pues, que conforme los mercados son más inaccesibles es menos redituable extraer agua para cultivo por riego. A continuación se presenta un segundo modelo, mismo que permite conocer la elasticidad precio de la demanda:

$$\text{Ln}(Volumen\ total\ extraído) = \alpha + \beta_1\ \text{Ln}(Precio + \beta_2 Temperatura +$$

$$+ \beta_3\ Marginación + \beta_4 Volumen\ concesionado + \beta_5\ Superficie$$

$$agrícola + \beta_6 Usuarios + \beta_7\ Rodado + \beta_8\ Goteo + \beta_9\ Frutas +$$

$$+ \beta_{10}\ Hortalizas + \beta_{11}\ Pastos + \beta_{12} Distancia + \beta_{13}\ Precipitación$$

Con este modelo se obtiene una elasticidad precio de −0.36. Las consecuencias políticas son acordes con toda lógica económica: el aumento del precio de la electricidad de bombeo incide en una disminución de la demanda de agua. Una vez más la temperatura no resulta un factor significativo para extraer agua. La variable del índice de marginación indica que la demanda por agua subterránea disminuye conforme hay una mayor marginación. El volumen concesionado aún es no significativo. Conforme hay una mayor superficie para cultivar, mayor es el volumen de agua extraído. El número de usuarios es significativo pero tan sólo a 90% de significación estadística. El volumen de agua que se usa aumenta conforme aumenta el número de usuarios. La variable dicotómica de riego rodado aún es significativa. Una vez más el efecto de la dicotómica de pastos es contundente y elimina el efecto de otro tipo de cultivo. Como es de esperarse, la elasticidad de largo plazo es mayor que la elasticidad cuando se controla por tipo de cultivo y tecnología de riego. Si se eliminan las variables con un gran poder explicativo se observa nuevamente que el efecto positivo del número de usuarios vuelve a ser significativo a 95 por ciento.

IV. MODELO CENSURADO

Aparentemente el volumen total extraído no tiene relación con el volumen que establece la concesión de cada usuario. Sin embargo, los datos muestran que conforme las concesiones son más grandes los usuarios consumen igual o menos agua que la que establece su concesión. Este fenómeno puede obedecer a que la Comisión Nacional de Agua, que cuenta con un "Programa de medidores", haya comenzado por los usuarios con mayores concesiones, de manera que haya un truncamiento de la cantidad de agua demandada por esta razón. Suponemos que el efecto de la censura por falta de tierra se absorbe con la variable "superficie agrícola", de tal suerte que hay un truncamiento para los usuarios con una concesión muy grande, pero no conocemos la fuente de este truncamiento.

Al considerar que algunas observaciones están truncadas y algunas no, decidimos hacer una agrupación (*cluster*) para determinar a partir de qué monto los usuarios con concesiones más grandes comienzan a consumir igual o por abajo del volumen concesionado. El ejercicio de agrupación por el método de "*K mean*" dividió al grupo en dos: aquellos con una concesión por debajo de los 408 mil m^3 concesionados y aquellos con más de 408 mil m^3. Se conjetura entonces que hay un truncamiento para los usuarios con un volumen concesionado mayor a los 408 mil m^3. Si la concesión fuese un instrumento que se cumple, tendríamos una muestra truncada, cada quien en su monto de concesión, pero dadas las circunstancias, solamente algunos usuarios perciben este límite. Se infiere, pues, que el modelo está censurado sólo para algunos usuarios, aquellos con una concesión mayor a los 408 mil m^3. En este caso, cuando existe una censura para los usuarios con concesiones muy grandes, entonces la pendiente se modifica considerando este efecto y la elasticidad precio de la demanda de agua resultante es de –0.23.

V. Modelación de la tecnología de riego

Uno de los factores que incide de manera más importante en la demanda del agua subterránea es el tipo de tecnología de riego. En el afán de explicar cómo se da este cambio de tipo de tecnología se estimó el siguiente modelo. Las tecnologías de riego se agrupan por categorías según su eficiencia. Categoría 1: riego rodado (la tecnología más ineficiente); categoría 2: riego por aspersión; categoría 3: riego por goteo (la tecnología más eficiente). Con esta agrupación de tecnologías se estima un modelo probabilístico ordenado según la siguiente especificación,

$$y_i^* = \beta'\mathbf{x}_i + \varepsilon_i \sim \textbf{\textit{Gompertz}}(\varepsilon i | \theta] = 0, \textit{Var}[\varepsilon_i] = \sigma^2$$

GRÁFICA 3. *Distribución de tecnologías de riego ante distintos aumentos en la tarifa 09*

(Porcentaje)

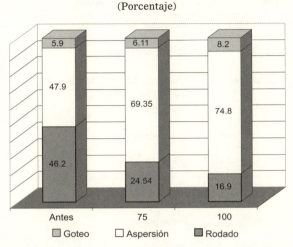

en la que β' es el vector columna de parámetros estimados contenidos en el cuadro 4 y asociados a las variables correspondientes. La distribución del término estocástico se supuso como *Extreme Value*[3] en su versión Gompertz, porque la distribución del término estocástico del tipo de tecnologías no se distribuye normalmente, sino que es de manera sesgada. La incorporación de este supuesto mejoró significativamente el poder predictivo del modelo comparado con la especificación del *logit* o *probit* que presupone una distribución normal.

En la gráfica 3 se compara el panorama actual de distribución de tipos de tecnología de riego con la predicción del modelo cuando aumenta 100% el precio del agua. Es importante señalar que en este modelo no se especifican restricciones de tierra o de liquidez, sino sólo modificaciones en las probabilidades y eso puede tener consecuencias no deseadas. Por ejemplo, en ocasiones se predice que los productores de maíz utilizarán aspersión lo cual es casi inverosímil, ya que en realidad difícilmente los productores de maíz utilizan aspersión.

El aumento en el precio sombra del agua tiene un efecto significativo en el tipo de tecnología de riego. Es evidente que los mayores cambios se dan en las opciones 1 (rodado) y 2 (aspersión). La tecnología de riego rodado, también considerada la más ineficiente, reduce

---

[3] Véase pormenores de los resultados del modelo utilizado en el cuadro A1 del apéndice.

CUADRO 9. *Modelo de opción tecnológica*

Variable	Unidad de medida	Coeficiente estimado[a]
Precio sombra del agua	Pesos por m^3	24.699 (2.507)*
Relación extracción a recarga del acuífero	M^3 por segundo	–3.154 (0.254)*
Índice de marginación	Conapo (–2.5 muy marginados 2.5 no marginados)	1.052 (0.181)*
Productividad del agua	Pesos por m^3	1.056 (0.151)*
Productividad de la tierra	Toneladas por ha	–0.146 (0.013)*
Volumen total extraído	M^3 anuales	–0.004 (0.000)*
Usuarios	Número de usuarios	–0.049 (0.008)*
Utilidad neta de la tierra	Pesos por ha	0.003 (0.000)*
Superficie dominada	Hectáreas	–0.019 (0.003)*
Parámetro ancilar		19.489 (1.925)*

[a] Los errores estándar se muestran entre paréntesis.
* Significativo a 5 por ciento.

GRÁFICA 4. *Efecto del desacoplamiento del subsidio en los acuíferos*

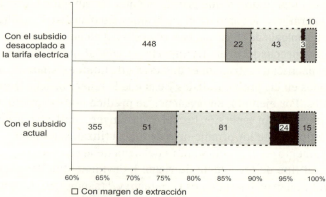

☐ Con margen de extracción
▧ En equilibrio
⠇ Extracción preocupante (extraen 10-50% más de la recarga)
■ Extracción grave (extraen 50-100% más de la recarga)
▨ Extracción extrema (extraen 100-800% más de la recarga)

su proporción en 29.3 puntos porcentuales, mientras que la opción de aspersión, cuyo rango de eficiencia se encuentra entre los 70 y 75%, aumenta 27 puntos porcentuales.

VI. CONSECUENCIAS EN LOS ACUÍFEROS

De los modelos anteriores se infiere que un aumento de 100% en el precio del agua implicaría una disminución de 35% en el consumo de agua. Desacoplar el subsidio de la electricidad para bombeo agrícola por concepto de generación y mantener el subsidio por trasmisión equivale a aumentar la tarifa promedio que es de 0.30 a 0.61 pesos, entonces habría una disminución de 35% en el consumo de agua. Esto equivale a dejar de extraer 6 972 millones de litros de los acuíferos del país, que dejarían de estar sobreexplotados como se muestra en la gráfica 4.

CONCLUSIONES

A partir de los datos encontrados se observa que la elasticidad precio del consumo de agua en la agricultura es significativa en términos del efecto en la explotación de los acuíferos. Además, los resultados que aquí se presentan omiten cuantificar los beneficios provenientes del uso más eficiente de la energía eléctrica. En otras palabras, el aumento del precio de la tarifa 09 tendría los siguientes efectos: un pequeño impulso hacia cultivos menos intensivos en agua y hacia una reconversión tecnológica con sistemas de riego y bombeo más eficientes, disminuye el consumo del agua, disminuye el consumo de energía eléctrica y, al mejorar la eficiencia, la productividad de la actividad agropecuaria aumenta. En este caso, lo que se plantea es un subsidio directo a la vez que un cobro más adecuado por la energía eléctrica: el desacoplamiento del subsidio.

APÉNDICE 1. *Índice de Gini para la tarifa 09*

En el cuadro A1 se puede apreciar como es que la distribución del subsidio entre los usuarios que lo reciben es muy desigual. El índice de Gini es $IG = $ suma$(p_i - q_i)$/suma p_i. Y puede tomar valores entre 0 y 1: $IG = 0$ concentración mínima. La muestra está uniformemente repartida a lo largo de todo su rango. $IG = 1$ concentración máxima. Un solo valor de la muestra acumula 100% de los resultados. El índice de Gini para el subsidio a los usuarios de tarifa 09 es **0.91**.

CUADRO A1. *Distribución del subsidio a la tarifa 09*[a]

Monto de subsidio (pesos)	Población acumulada (p_i) (porcentaje)	Subsidio acumulado (q_i)(porcentaje)
6 666.70	59.90	2.41
13 333.30	68.00	3.06
20 000.00	73.90	3.76
26 666.70	78.50	4.51
33 333.30	82.20	5.25
40 000.00	85.30	6.00
46 666.70	87.80	6.71
53 333.30	90.00	7.41
60 000.00	91.70	8.03
66 666.70	93.10	8.59
73 333.30	94.20	9.08
80 000.00	95.20	9.54
86 666.70	95.90	9.95
93 333.30	96.50	10.28
100 000.00	97.00	10.58
5 000 000.00	100.00	100.00

[a] $p_i = (n_1 + n_2 + n_3 + ... + n_i)/n$ *100, en que n_1 es el número de usuarios en la categoría |1, con un subsidio menor a 6 666.70 pesos y $q_i = [(n_1 * n_1) + (n_2 * n_2) + ... + (x_i * n_i)/(n_1 * n_1) + (n_2 * n_2) + ... + (x_n * n_n)]$ *100.

APÉNDICE 2

CUADRO A2. *Prueba de disparidad entre el volumen concesionado y el extraído*[a]

Variable	Promedio	Error estándar	Desviación estándar	[Intervalo de confianza 95%]	
Volumen concesionado	267.20	13.20	450.20	241.20	293.10
Volumen extraído	373.00	12.50	424.40	348.50	397.50
Diferencia	−105.80	14.50	492.00	−134.30	−77.40

[a] Ho: media($Vcon - Vted$) = media(dif) = 0; Ha: media(dif) < 0; Ha: media(dif) = !0; Ha: media(dif) > 0; $t = -7.3066$; $t = -7.3066$; $t = -7.3066$; $P < t = 0.0000$; $P > t = 1.0000$.

APÉNDICE 3

CUADRO A3. *Subsidio promedio que reciben algunos cultivos;*
subsidio a la generación y a la trasmisión (1.44 pesos por kw/h)

(Pesos)

Cultivo	Mensual	Anual
Tomatillo	42.00	504.00
Zanahoria	63.00	753.00
Fresa	77.00	926.00
Toronja	81.00	981.00
Avena	103.00	1 234.00
Frijol	119.00	1 424.00
Mandarina	119.00	1 431.00
Uva	127.00	1 530.00
Papa	130.00	1 557.00
Mango	141.00	1 693.00
Maíz	145.00	1 741.00
Naranjas	152.00	1 818.00
Papaya	152.00	1 818.00
Tomate	161.00	1 924.00
Cebada	164.00	1 962.00
Limón	181.00	2 165.00
Chile	182.00	2 180.00
Jitomate	186.00	2 232.00
Cebolla	195.00	2 342.00
Caña	228.00	2 736.00
Zarzamora	246.00	2 959.00
Trigo	253.00	3 038.00
Sorgo	274.00	3 291.00
Alfalfa	431.00	5 174.00
Chile poblano	338.00	4 059.00
Algodón	344.00	4 134.00
Promedio	178.00	2 139.00

REFERENCIAS BIBLIOGRÁFICAS

Anderson, J. E. (1997), *The Uruguay Round and Welfare in Some Distorted Agricultural Economies*, Boston College y NBER.

Ballard, C. L., y D. Fullerton (1992), "Distortionary Taxes and the Provision of Public Goods", *Journal of Economic Perspectives*, 6, pp. 117-131.

——, y S. G. Medema (1993), "The Marginal Efficiency Effects of Taxes and Subsidies in the Presence of Externalities", *Journal of Public Economics*, 52, pp. 199-216.

Barrett, K. (2004), *The Incidence of US Agricultural Subsidies on Farmland Rental Rates*, Massachusetts Institute of Technology-Cornell University.

Coady, D., y R. Harris (2004), "Evaluating Transfer Programmes within a General Equilibrium Framework", *The Economic Journal*, vol. 114, páginas 778-780.

Fullerton, D., y G. Metcalf (1996), *Environmental Controls, Scarcity Rents and Pre-Existing Distortions*, Austin, University of Texas.

Hooker, M. A., y W. E. Alexander (1998), "Estimating the Demand for Irrigation Water in the Central Valley of California", *Journal of the American Water Resources Association* 34 (3), pp. 497-505.

Howitt, R. E., W. D. Watson y R. M. Adams (1998), "A Reevaluation of Price Elasticities for Irrigation Water", *Water Resources* 16, pp. 623-628.

Just, R.E., D. Zilberman y E. Hochman (1993), "Estimation of Multicrop Production Functions", *American Journal of Agricultural Economics* 65, páginas 770-780.

Mayrand, K., S. Dionne, M. Paquin e I. Pageot-LeBel (2003), *The Economic and Environmental Impact of Agricultural Subsidies: An Assessment of the 2002 US Farm Bill and Doha Round*, Reino Unido, Unisfera International Center.

Moschini, G. y P. Sckokai (1994), "Efficiency of Decoupled Farm Programs under Distortionary Taxation", *American Journal of Agricultural Economics*, vol. 76, núm. 3, pp. 362-370.

Ogg, W. C., y N.R. Gollehon (1989), "Western Irrigation Response to Pumping Costs: A Water Demand Analysis Using Climatic Regions", Washington, Economic Research Service, U.S. Department of Agricultura.

Sadoulet, E., A. De Janvry y B. Davis (2001), "Cash Transfer Programs with Income Multipliers: PROCAMPO in Mexico", *World Development* 29(6), pp. 1043- 1056.

Sauer J. (2004), *Water Production and Supply – A modified Symmetric Generalized Mc Fadden Cost Framework*, Alemania, Center for Development Research, University of Bonn.

Scott, Long J. (1997), *Regression Models for Categorical and Limited Dependent Variables*, Advanced Quantitative Techniques in the Social Science Series, Sage Publications, Thousand Oaks, California.

Tokarick, S. (2003), "Measuring the Impact of Distortions in Agricultural Trade in Partial and General Equilibrium", IMF Working Paper.

6. APLICACIÓN DE LA METODOLOGÍA DE VALORACIÓN CONTINGENTE
Valor que asignan los habitantes de San Luis Río Colorado a los flujos de agua en la zona del delta del Río Colorado*

Enrique Sanjurjo Rivera

INTRODUCCIÓN

LOS HUMEDALES del delta del Río Colorado constituyen uno de los ecosistemas más ricos y de mayor importancia ecológica en toda la región de la cuenca baja del Río Colorado en los Estados Unidos y México, incluyendo el desierto sonorense y el alto Golfo de California (Glenn *et al*, 1996). Estos humedales proporcionan hábitat crítico para aves acuáticas migratorias y residentes, aves playeras y varias pesquerías de importancia comercial (Valdés-Casillas *et al*, 1998).

Debido a la construcción del sistema de presas que controlan y distribuyen el agua del Río Colorado en los Estados Unidos y en México, los flujos de agua dulce al delta son escasos y al Golfo de California son casi inexistentes (Carrillo-Guerrero, 2005). Esta situación ha causado varios daños ecológicos. Los efectos negativos también se han reflejado en la calidad de vida de los habitantes de las comunidades locales, cuyas actividades económicas dependen directa o indirectamente del Río Colorado. Si bien es cierto que el agua represada se utiliza para actividades económicamente valiosas, también es cierto que impide que el agua fluya por el río, provocando el deterioro o desaparición de actividades que también tienen un valor económico.

En una situación en la que los precios no estuvieran intervenidos y no hubiera fallas de mercado, el sistema de precios lograría que el agua se asignara a los usuarios que más la valoraran, ya sea en el distrito agrícola o en la parte baja de la cuenca. Sin embargo existen distorsiones que impiden esta solución: por una parte el precio del agua para uso agrícola está fijado por el gobierno en 0 y por otra exis-

* Las encuestas y la base de datos fueron elaborados por Pronatura Noroeste con financiación del Instituto Nacional de Ecología. El autor agradece a ambas instituciones por su esfuerzo y por permitir el uso de la información para la estructura de este artículo.

te un problema de bien público.[1] Aun en el caso en que el precio del agua para uso agrícola lo fijara el mercado, el problema de bien público se mantendría. Una vez puesta el agua en el río y generadas las condiciones para mantener el ecosistema, algunos de los servicios prestados por el ecosistema tendrían problemas de no competencia en el consumo (recreación), de no capacidad de exclusión (pesca) o ambos (paisaje). Lo anterior lleva a que los usuarios del bien público difícilmente podrían organizarse para pagar por el agua, con lo que se justifica la intervención de otros agentes (gobiernos u organizaciones no gubernamentales) interesados en resolver el problema del bien público. Una manera de intervención es mediante la asignación de un flujo de agua por el río hasta el punto en el que el costo marginal por disminuir agua a la agricultura fuera igual a los beneficios marginales por dejar correr el agua por el río.

Existe al menos un proyecto de restauración del delta que parte de la existencia de un umbral llamado flujo mínimo de agua. Cuando los flujos de agua se encuentran por debajo del umbral no se alcanzan los niveles para el mantenimiento del ecosistema, y cuando los flujos de agua se encuentran3 por encima del flujo mínimo dejan de proporcionar beneficios adicionales relevantes. Con esta idea se presenta una aplicación para el cálculo de los beneficios por la provisión del flujo mínimo de agua. Con estos cálculos y con los datos de costos será posible entonces comparar el valor presente de un proyecto de restauración en particular. Los costos por la realización de este proyecto de restauración del ecosistema y de compra de agua incluyen un costo inicial de entre 90 y 120 millones de pesos y un costo de operación de aproximadamente 5 millones de pesos al año (información proporcionada por Pronatura Noroeste). Los costos de operación se refieren a la compra de agua a los agricultores, quienes debieron haber considerado las pérdidas en producción por la venta del agua.

Existen varias razones por las que se le puede atribuir valor a los flujos de agua por el río en la zona del delta: la pesca, la cacería de aves acuáticas (patos), la observación de aves, la recreación y el paisaje, además de la valoración por la simple existencia del río o por querer legar un río vivo a las generaciones futuras. De toda esta serie de valores, se estudiará el valor que le asignan los habitantes de San Luis Río Colorado a los flujos de agua.

---

[1] Véase un mayor análisis respecto a bienes públicos en Stiglitz (1986) y Azqueta (2002).

Para este ejercicio se utilizará una técnica de preferencias declaradas, llamada valoración contingente, y se aplicará en la población urbana que más relación tiene con este ecosistema: San Luis Río Colorado (Sonora). San Luis Río Colorado es un municipio de poco más de 100 mil habitantes y 35 mil viviendas, la mayor parte de ellos en el área urbana. Gran parte de la población que vive en la ciudad se desplaza a las zonas agrícolas o ganaderas, o viaja con frecuencia a Mexicali, con lo que puede observar el río seco en sus recorridos. En general, los habitantes de San Luis Río Colorado pueden asignar un valor a contar con agua en el río por varias razones: paisaje, existencia, legado y opción recreativa.

I. METODOLOGÍA

Los métodos de preferencias declaradas obtienen la información de preguntas realizadas a las personas. Los métodos directos consisten en efectuar la pregunta directa respecto a su valoración del bien público. Con la finalidad de exponer claramente la metodología empleada, se detallarán las características consideradas para la elaboración de la pregunta y posteriormente se profundizará en el modelo para el análisis de las respuestas.

1. *La pregunta de valoración contingente*

En 1993 la Administración Nacional Atmosférica y de Océanos (NOAA, por sus siglas en inglés), del Departamento de Comercio de los Estados Unidos, publicó el "Reporte del panel de la NOAA sobre valoración contingente". En este documento (Arrow *et al*, 1993) se exponen algunas recomendaciones para la elaboración de ejercicios de valoración contingente en la determinación de valores de uso pasivo. A lo largo del tiempo se han hecho innovaciones teóricas respecto a al modo de hacer las preguntas, y al tratamiento estadístico de las respuestas (Kriström, 1990; Duffield y Patterson, 1991). Entre las cuestiones más relevantes que se deben observar para realizar un cuestionario de valoración contingente enfocado a la medición de los servicios recreativos se encuentran: el tipo de pregunta, el vehículo de pago, el formato de la pregunta, el tipo de encuesta y la elaboración de preguntas complementarias.

a) *Tipo de pregunta*. El tipo de pregunta se refiere al uso de la disposición a pagar *versus* la disposición a aceptar. Una de las recomendaciones del panel de la NOAA es el procurar siempre preguntas que lleve a resultados conservadores; es decir a no sobreestimar la valoración. Partiendo del concepto de la utilidad marginal decreciente, y teniendo como referencia un mismo punto de partida, siempre la disposición a aceptar por la pérdida de un bien público será superior a la disposición a pagar por el incremento en este mismo bien (Freeman III, 2003). Considerando la recomendación hecha por el panel se realizó una pregunta de disposición a pagar (DAP) y no de disposición a aceptar (DAA).

b) *Vehículo de pago*. El vehículo de pago habitual es el aumento en un impuesto para utilizar el dinero en un programa específico. Para su aplicación es importante una buena descripción del programa, y que se enfrente al encuestado a situaciones reales de lo que ocurriría con el programa contra lo que sucedería sin el programa. Se recomienda también acompañar el cuestionario con fotografías o cualquier otro elemento que acerque al encuestado con la realidad. Para el caso de estudio propuesto el vehículo de pago utilizado es una cuota fija que se paga sobre la boleta de pago de agua de los hogares en la zona de estudio.

c) *Formato de la pregunta*. En lo que respecta al formato de pregunta existen dos posibilidades: el formato abierto y el dicotómico. El formato de pregunta abierta consiste en preguntar al encuestado su disposición a pagar mediante una pregunta abierta directa o con la presentación de una lista de valores por elegir (refrendo de una etapa). Este formato puede generar problemas de comprensión por parte del encuestado por su alejamiento de situaciones reales (Schumann, 1996). Una opción a la pregunta abierta (cuando se considere que la pregunta pueda ser difícil de comprender) es utilizar formatos dicotómicos en los que se le pregunta al individuo por algún pago que debe aceptar o rechazar. Este método presenta dos variantes: la simple y la bietápica. La variante simple consiste en enfrentar a cada encuestado con sólo un valor (Cameron, 1988; Bishop y Heberlein, 1979). Por su parte, la variante bietápica consiste en ofrecer al encuestado un segundo valor dependiendo de la respuesta a la primera cantidad propuesta; este valor será menor cuando la primera respuesta haya sido negativa y mayor cuando esta haya sido positiva (Hanemann, Loomis y Kannien, 1991, entre otros). Un aspecto que se debe cuidar es el fenómeno de *warm-glow* (Diamond y Hausman,

1993) que sucede cuando un individuo responde en favor o en contra de la política.

d) *Tipo de encuesta*. El tipo de encuesta se refriere al modo en que se va a acercar el investigador al encuestado. La bibliografía reconoce tres tipos de encuestas: la personal, la telefónica y la postal o encuesta por correo (Mitchel y Carson, 1988), aunque actualmente cobran interés los formatos digitales en páginas electrónicas y las encuestas por correo electrónico. Para el caso de la obtención del valor recreativo de los servicios ambientales se podrán utilizar los diferentes tipos de encuestas para diferentes objetivos; para encuestas de valoración contingente en el sitio será más recomendable la encuesta personal. Para el caso de San Luis Río Colorado se realizó una encuesta personal aplicada en los hogares de los encuestados.

e) *Preguntas complementarias*. Los cuestionarios deben acompañarse con preguntás complementarias que ayuden a identificar las diferencias en las respuestas de acuerdo con diferentes factores: ingreso, conocimiento del sitio, afiliación a una organización ambientalista, entre otras. Para una buena planeación de los cuestionarios se recomienda iniciar con preguntas preparatorias (si ha visitado el río, si pasa cerca del río, ...), continuar con las preguntas propias del ejercicio de valoración y dejar hasta el final las preguntas de carácter personal como edad o ingreso (Mitchel y Carson, 1988; Arrow *et al*, 1993).

2. *Análisis de la pregunta de valoración contingente*

Para analizar las respuestas a la pregunta dicotómica simple (Bishop y Heberlein, 1979; Hanemann, 1984; Cameron, 1988) se decidió utilizar un modelo paramétrico, esto es, un modelo que permita la incorporación de las características de los individuos dentro de la función de disposición a pagar. El modelo básico que se utilizará para analizar las respuestas dicotómicas en la encuesta de valoración contingente será un modelo de utilidad aleatoria (RUM).[2]

Si la utilidad de un individuo $j(U_j)$ es una función de su ingreso (Y_j) y de un vector de características socioeconómicas (Z_j) y si U_{1j} es la utilidad del individuo j cuando disfruta del bien público y reduce su ingreso en la cantidad propuesta (t_j) y U_{0j} la utilidad del individuo j

---

[2] Por sus siglas en inglés de *Random Utility Model*.

cuando no disfruta del bien público y no paga el impuesto, entonces la condición para que un encuestado tenga una respuesta afirmativa a la pregunta dicotómica simple se puede expresar como: $U_1(Y_j - t_j, Z_j, \varepsilon_{1j}) > U_0(Y_j, Z_j, \varepsilon_{0j})$, en que ε_{ij} es el término de error aleatorio. De lo anterior se infiere que la probabilidad de que la persona j responda que sí prefiere pagar el impuesto con tal de que se proporcione el bien público es igual a la probabilidad de que U_1 sea mayor que U_0 dado el ingreso y las características socioeconómicas de j. Debido a que U_i ($i = 1$ o 0) tiene un componente determinístico y uno aleatorio, ésta se puede escribir como $U_{ij} = V_{ij} + \varepsilon_{ij}$, en que V_{ij} representa el componente determinístico que depende del ingreso, la tarifa propuesta y las características socioeconómicas y ε_{ij} denota el componente aleatorio; es decir: $\Pr(SIj) = \Pr(V_1 + \varepsilon_{1j} > V_0 + \varepsilon_{0j})$. Como ε_{1j} y ε_{0j} son términos aleatorios, éstos se pueden agrupar en un solo término, de manera que $\varepsilon_j = \varepsilon_{ij} - \varepsilon_{0j}$. Sea $F\varepsilon$ la función de distribución de los errores; entonces la probabilidad de que el individuo j responda afirmativamente se podrá expresar como: $\Pr(SI_j) = F\varepsilon(V_1 - V_0)$. Con base en Haab y Mc Conell (2002) esta expresión se puede reescribir como:

$$\Pr(SI_j) = 1 - F\varepsilon[-V_1(y_j - t_j, Z_j) - V_0(Y_j, Z_j)] \qquad (1)$$

Cuando la parte determinística de la ecuación es lineal en el ingreso y en el resto de las variables, la utilidad que tiene el individuo j con la decisión i es una función lineal de un vector de características del individuo (Z_j) y de su ingreso (Y_j): $V_{ij}(Y_i) = \alpha_i Z_j + \beta_i(Y_j)$. En este caso (el lineal) la probabilidad de que el individuo j responda que "sí" se puede expresar como: $\Pr(SIj) = \Pr(V_1 + \varepsilon_{1j} > V_0 + \varepsilon_{0j})$, en que $V_{1j} = \alpha_1 Z_j + \beta_1 Y_j$ y $V_{0j} = \alpha_0 Z_j + \beta_0 Y_j$. Suponiendo que $\beta_0 = \beta_1$, que $\varepsilon j = \varepsilon_{1j} - \varepsilon_{0j}$ y que $\alpha = \alpha_1 - \alpha_0$, el modelo lineal se escribirá como:

$$\Pr(SIj) = \Pr(\alpha Zj - \beta t_j + \varepsilon j) > 0 \qquad (2)$$

Para analizar la información por medio de un modelo de utilidad aleatoria es necesario estimar modelos para variables dependientes discretas. Es decir se debe estimar la probabilidad de una respuesta afirmativa dados algunos parámetros. Los modelos más utilizados para estimar la probabilidad de respuesta afirmativa son el *Logit* y el *Probit*.

Para el caso de *Logit* se supone que los errores se distribuyen como una función logística con media 0 y varianza $\pi^2 \sigma^2 / 3$. Cuando se divide entre σ para normalizar entonces se tiene una función logística estándar con media 0 y varianza $\pi^2/3$. La probabilidad de que una variable con distribución logística sea menor o igual a un número x es igual a: $(1 + e^{-x})^{-1}$. De lo anterior se infiere que la probabilidad de que la persona j tenga una respuesta positiva a la tasa propuesta igual a t es:

$$\Pr(Si_j) = [1 + e((-\alpha z_j/\sigma) - (\beta t_j/\sigma))]^{-1} \qquad (3)$$

Con esta última ecuación resulta factible estimar los parámetros α/σ y β/σ.

Por su parte, para estimar un *Probit* se basa en el supuesto de que los errores tienen media 0 son independientes, están idénticamente distribuidos y se distribuyen de manera normal; entonces $\varepsilon = \varepsilon_1 - \varepsilon_0$ también se distribuirá como una normal con media 0 y varianza σ^2. Definiendo $\phi = \varepsilon/\sigma$ entonces se tendrá que $\phi \sim N(0, 1)$ y que:

$$\Pr(\varepsilon_j < \alpha Z_j - \beta t_j) = \Pr(\phi < \alpha Z_j/\sigma^{-\beta}/\sigma^{tj}) = \Phi\left(\frac{\alpha Z_j}{\sigma} - \frac{\beta}{\sigma} t_j\right) \qquad (4)$$

en que $\Phi(\cdot)$ es la función de densidad acumulada de una normal. Con esta última ecuación resulta factible estimar los parámetros α/σ y β/σ.

Para conocer la disponibilidad a pagar de un individuo j se tiene que encontrar el precio ante el cual un individuo estaría indiferente entre realizar el paseo y no realizarlo, es decir cuando se cumple lo siguiente:

$$\alpha_1 Z_1 + \beta (y_j - DAP_j) + \varepsilon_{j1} = \alpha_0 Z_j + \beta y_j + \varepsilon_{j0} \qquad (5)$$

Despejando DAP_j de la ecuación anterior se tiene que $DAP_j = \alpha Z_j/\beta + \varepsilon_j/\beta$, por lo que la esperanza de DAP de un individuo con características j se expresará como: $DAP_j = \alpha Z_j/\beta$. Una medida que puede ser interesante para los investigadores y tomadores de decisión es la DAP esperada del individuo promedio, la cuál puede expresarse como:

$$E_\varepsilon(DAP|\alpha, \beta, z) = \left[\frac{\alpha/\sigma}{\beta/\sigma}\right] z \qquad (6)$$

II. RESULTADOS

Durante 2005 se aplicaron 306 encuestas. La mitad de los entrevistados ha visitado el Río Colorado en los pasados 12 meses para realizar

CUADRO 1. *Respuestas a la pregunta de valoración propuesta a los habitantes*

Valor propuesto (X)	Número de encuestas	Respuestas afirmativas	
		Número	Porcentaje
20	75	71	95
40	76	68	89
60	76	53	70
80	75	21	28
Total	302	213	71

actividades de recreación (146, 48%). La mayoría de los entrevistados dijo pasar cerca del cauce del Río Colorado (257, 84%); de ellos, 40 pasan al menos 1 vez al mes (13%), 59 pasan 2 veces por mes (19%), 50 pasan 3 veces por mes (16%), 66 pasan 4 veces al mes (21%) y 36 pasan 5 veces o más cerca del río (12%). La mayoría de los entrevistados afirmó haber visto el Río Colorado seco (90%), la mayoría de ellos mencionó que precisamente este año el río había estado seco (255, 83%). Otros años en que los entrevistados observaron el Río Colorado seco son 1967, 1975, 1992, 1999, 2001, 2002, 2003 y 2004. Esos años coinciden con la opinión de expertos respecto a años en que el Río Colorado en México estuvo seco en al menos una parte de la planicie de inundación y en al menos una temporada (Glenn *et al*, 2001; Zamora-Arroyo *et al*, 2001). De acuerdo con estos autores, en los años de 1997 y 1998 hubo mayores flujos de agua en el Río Colorado en México de los que ha habido en otros años. La mayoría de los entrevistados recuerdan este hecho (258, 84%).

Para conocer su disposición de pago se les preguntó lo siguiente: "Si hubiera una votación en la que usted pudiera votar por una de las siguientes opciones, cuál elegiría: (*a*) que siempre y con toda certeza hubiera todos los años un flujo de agua similar al que hubo en 1997 y 1998; pero que el recibo del agua llegara X pesos más alto para el mismo consumo; o (*b*) que todo quede igual que ahora. Que el flujo de agua del Río dependa de la suerte y que la tarifa de agua no aumente".

El valor de la X varió según cuatro tipos de encuestas; como se esperaba las respuestas variaron dependiendo del valor de X, tal y como se muestra en el cuadro 1. Una vez levantada la encuesta se estimó el modelo probabilístico, que encontró que las variables que resultaron significativas fueron las siguientes:

a) Años. Se refiere al número de años que lleva viviendo en San Luis Río Colorado. Esta variable pretende mostrar el arraigo con el paisaje de la zona e identificar a los que han vivido más momentos en los que el río ha llevado agua.

b) *Visita poco.* La variable visita al río tiende a percibir un valor de uso contenido dentro de la respuesta. Se encontró que las personas que visitan mucho el río, lo hacen sin importar las condiciones de este. Sin embargo, las personas quienes sólo visitan el río cuando este trae agua son los que más lo valoran. Se consideró a quienes van al río menos de siete veces al año como personas que visitan poco. La variable es una variable dicotómica que toma valor de 1 para quienes visitan el río entre una y siete veces y 0 para quienes no visitan el río o lo hacen más de siete veces al año.

c) *Seco.* Es una variable dicotómica que toma valor de 1 cuando la persona ha visto el río seco y de 0 en otro caso. Esta variable capta que las personas que pasan por el río valoran más que quienes no lo hacen y captan la sensación de que "algo anda mal" cuando ven el río seco. Se espera que quienes no hayan visto el río seco perciban una satisfacción menor de saber que el río tiene asegurados los flujos de agua.

d) *Protección.* También es una variable dicotómica que toma el valor de 1 cuando a la persona le gustaría que el Río Colorado y sus bosques de sauces y álamos tuvieran protección legal. Se espera que a quienes no les gustaría, tendrán menor voluntad de pago para restaurar los flujos de agua en el río.

e) *Restringido.* Se refiere a la variable de precio truncada entre 0 y un límite máximo (Ready y Ho, 1995; Habb y McConell, 1998 y 2002). Una de las versiones del modelo truncado sugiere que la DAP quede limitada entre 0 y un precio máximo tal y como se indica:

$$DAP_j = p \max_j /1 + e^{(-z_j\gamma - \varepsilon)} \tag{7}$$

Suponiendo que los errores se distribuyen como una normal con media 0 y varianza σ^2, entonces la probabilidad de una respuesta positiva se podrá expresar como:

$$\Pr(si) = 1 - F_{DAP(t)} = \Phi\left[\frac{Z_j\gamma + \ln(P\max_j - t/t)}{\sigma}\right] \tag{8}$$

Para la estimación de este modelo fue necesaria la creación de una variable:

$$restringido = [(P\max - t)/t] \tag{9}$$

Para el caso de San Luis Río Colorado (SLRC) se estableció un pago máximo de 500 pesos mensuales. Se consideró 500 pesos mensuales como un número lo suficientemente alto como para no alterar los resultados. El pago promedio del agua en SLRC es de 148 pesos mensuales con una observación mínima en 35 y la máxima en 300. Un precio máximo prefijado en 500 es más de 3 veces más alto que la factura de agua promedio y 75% más alta que la factura máxima. Se decidió utilizar una variable restringida, ya que con la variable de precio sin restricción el modelo permitía valores negativos de la disposición a pagar. Lo anterior no resulta lógico ya que los flujos de agua que se proponen no alcanzan a generar alguna situación que pudiera ser percibida como algo negativo (inundaciones).

Utilizando las variables descritas se estimó el modelo: *Probabilidad de respuesta positiva = Ordenada +* $\beta 1$ *(años) +* $\beta 2$ *(visita poco) +* $\beta 3$ *(seco) +* $\beta 4$*(protección) +* α *(restringido) + error.* Para la estimación se usaron 302 observaciones. Se encontró que tanto el *Logit* con el *Probit* fueron capaces de acertar en 83.4% de los casos. Se utilizó la medida de bondad de ajuste de Estrella (1997), que fue de 0.360 para el *Logit* y de 0.355 para el *Probit*. El cuadro 2 muestra los coeficientes para ambos casos.

CUADRO 2. *Resultados del modelo probabilístico*[a]

	Probit		Logit	
	β	$p(Z) > z$	β	$p(Z) > z$
Ordenada	−5.821	0.0000	−10.8125	0.0000
Años	0.0134	0.0534	0.0208	0.0794
Visita poco	0.3420	0.0780	0.5093	0.1234
Seco	0.6053	0.0504	1.1531	0.0335
Protección	1.5043	0.0021	2.9107	0.0032
Restringido	1.8145	0.0000	3.3604	0.0000

[a] Los coeficientes son significativos en 90% de confianza, salvo el caso de la variable "visita poco" en el modelo *Logit* que es significativa en 87% de confianza.

Una vez estimado el modelo, el siguiente paso es calcular la DAP; para ello es necesario reconocer que existen tres fuentes de incertidumbre: *i)* la incertidumbre en preferencias, *ii)* la variación entre individuos y *iii)* la aleatoriedad de los parámetros.

i) La incertidumbre en preferencias. Se refiere a la naturaleza misma del modelo de utilidad aleatoria, con el que se puede conocer la

parte determinística pero no el término de error aleatorio. La incertidumbre en preferencias impide observar el valor exacto de la DAP,
aun conociendo características relevantes del individuo. Sin embargo, es posible conocer la distribución de la DAP de los individuos con
ciertas características e incluso medidas de dispersión y de tendencia central.

Debido a que tanto para el caso de *Logit* como para el *Probit* res-
tringidos la distribución de los errores tiene una media igual a 0, entonces la mediana de la DAP se calculará de manera idéntica para
ambos casos, tal como muestra la ecuación (10). Para el caso del *Logit*
la mediana del individuo promedio fue de 67.74, mientras que para el
Probit fue de 68.31 pesos.

$$M(DAP_j) = P_{max}/(1 + e^{-Zj\gamma}) \tag{10}$$

Además de obtener medidas de tendencia central puede ser relevante conocer la distribución de la DAP. Para obtener la distribución
de la DAP del individuo promedio se aplicó la ecuación (7), suponiendo que los errores (ε) se distribuyen como normal y como logística según el caso. La gráfica 1 muestra la distribución de la DAP para
individuos con las características promedio, tanto para el caso de *Logit* como para el *Probit*.

ii) La variación entre los individuos. Reconoce la naturaleza para-
métrica del modelo por lo que las variaciones en los parámetros mo-
difican la DAP del individuo. La DAP será distinta para cada individuo.
Se estimó la mediana para cada uno de los 302 encuestados llegando a
los resultados que se muestran en la gráfica 2.

GRÁFICA 1. *Distribución de la DAP de un individuo
con características promedio*

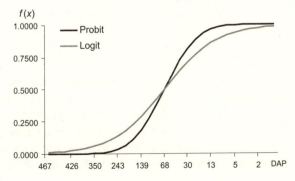

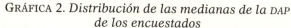

GRÁFICA 2. *Distribución de las medianas de la* DAP
de los encuestados

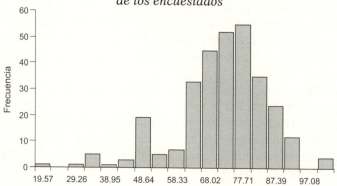

Los datos mostrados en la gráfica 2 presentan una media de 69.57, una mediana de 71.71 pesos y una varianza de 171.12. Reconociendo estas dos fuentes de incertidumbre, se presenta un procedimiento para tener una estimación del bienestar social que se obtendría de llevar agua la río. Para el caso del modelo *Probit* el procedimiento consistió en calcular la distribución de la DAP para cada uno de los individuos de la muestra y aplicar un factor de expansión idéntico para cada uno de los individuos (en este caso de 117). Los resultados se muestran en la gráfica 3. La gráfica presenta el inverso de la función de densidad acumulada y representa el número de personas dispuestas a pagar al menos el precio indicado. El área de esta curva es una buena estimación del bienestar social que se generaría en caso de poner agua en el río a un precio 0. Mediante el cálculo de esta área se estimó que el bienestar de los habitantes de San Luis Río Colorado aumentaría en aproximadamente 38.78 millones de pesos anuales, por llevar agua al río a precio 0.

iii) *La aleatoriedad de los parámetros.* Se refiere a la naturaleza de la estimación por máxima verosimilitud en el que existe aleatoriedad en la estimación de los parámetros. Al considerar las tres fuentes de incertidumbre, la mejor aproximación de la DAP que se puede tener es un intervalo de confianza sobre alguna de las medidas de tendencia central. Existen varios métodos para estimar el intervalo de confianza (Cameron, 1988; Krinsky y Robb, 1986). El método que se utilizará para este ejercicio es el llamado procedimiento Krinsky-Robb.

Para la aplicación del procedimiento Krinsky-Robb se siguieron los siguientes pasos propuestos por Habb y McConell (2002): *i*) esti-

GRÁFICA 3. *DAP poblacional de las viviendas en San Luis Río Colorado*

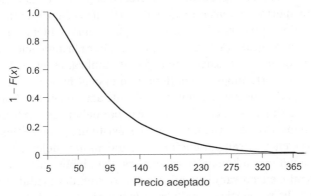

mación del modelo; *ii*) recuperación del vector de parámetros estimados $\hat{\beta}$ y de la matriz de varianzas-covarianzas $\hat{V}(\hat{\beta})$; *iii*) cálculo de la descomposición de Cholesky, C, de tal forma que $CC' = \hat{V}(\hat{\beta})$; *iv*) generación de 5 mil vectores, X_k, de k variables independientes aleatorias de una normal estándar; *v*) para cada uno de estos vectores calcular: $B_d = \hat{\beta} + C'X_k$; *vi*) estimar la DAP para cada valor de B_d, y *vii*) calcular el intervalo de confianza: para obtener un intervalo a 95% de confianza se deberán eliminar el 2.5% de las observaciones más altas y el 2.5% de las más bajas. Tras realizar el procedimiento para el modelo *Probit* se encontraron los intervalos de confianza mostrados en el cuadro 3.

CUADRO 3. *Intervalo de confianza respecto a la media de la DAP*

Intervalo de confianza al (porcentaje)	De	A
50	48.7	93.1
70	41.1	109.6
80	36.4	121.9
90	30.9	140.8
95	25.8	160.2

CONCLUSIONES Y RECOMENDACIONES

Los resultados mostrados tienen consecuencias tanto metodológicas como para la toma de decisiones. La importancia de reconocer las diferentes fuentes de incertidumbre en el análisis de la pregunta de valoración contingente permite entender mejor los alcances y limitaciones de la metodología propuesta. Desde el punto de vista metodológico, la aportación más relevante del artículo es la presentación de un procedimiento para el cálculo de las ganancias en bienestar social de la provisión gratuita de un bien público. Para la aplicación de este procedimiento es necesario que exista un umbral en el cual el bien público no aporte ningún beneficio y en el cual no exista beneficio adicional, tal como sucede con los flujos de agua en el Río Colorado. Cuando los flujos de agua se encuentran por debajo del umbral no se alcanzan los niveles para mantener el ecosistema, y cuando los flujos de agua se encuentran por encima del flujo mínimo dejan de proporcionar beneficios adicionales relevantes. Esta innovación metodológica permite encontrar el excedente del consumidor medido como el inverso de la frecuencia acumulada de la función de densidad de la disponibilidad a pagar, tomado en cuenta dos de las fuentes de incertidumbre: variación entre individuos e incertidumbre de preferencias.

Además de las consecuencias metodológicas existen aportaciones relevantes para la toma de decisiones. Se estimó un aumento en el bienestar social de 38.78 millones de pesos al año. Al comparar estos beneficios calculados con las estimaciones de costos que tienen las organizaciones no gubernamentales en la zona se encontró una proporción beneficios/costos de 2.28 pesos. Lo anterior indica que si los beneficios por el flujo de agua fueran un bien privado sería un excelente negocio llevar agua al río y cobrar por ello.

Los resultados presentados muestran que permitir el paso del agua a la desembocadura del río es más rentable que conservar el agua en la presa para actividades agrícolas. Que si bien las actividades agrícolas pueden ser muy redituables en muchos casos, en otros generan menos ganancias que las actividades económicas en la desembocadura: pesca, recreación, caza, observación de aves y belleza escénica. En resumen: desde el punto de vista económico resulta más rentable dejar fluir la cantidad de agua necesaria para mantener el ecosistema que utilizar la totalidad del agua en actividades agropecuarias.

REFERENCIAS BIBLIOGRÁFICAS

Arrow, K., R. Solow, P. R. Portney, E. E. Leamer, R. Radner y H. Schuman (1993), "Report of the NOAA Panel on Contingent Valuation", National Oceanic and Atmospheric Administration (NOAA).

Azqueta, D. (2002), *Introducción a la economía ambiental*, McGraw-Hill Professional.

Bateman, I. J., et al (2002), *Economic Valuation with Stated Preference Techniques: A Manual*, Edward Elgar.

——, I. H. Langford, S. F. Jones, G. N. Kerr y R. Scarpa (2000), "Bound and Path Effect in Double and Triple Bounded Dichotomous Choice Contingent Valuation", artículo presentado el 10 congreso anual de la European Association of Environmental and Resource Economists (EARE), University of Crete.

Bishop, R. C., y T. A. Heberlein (1979), "Measuring Values of Extra-market Goods: Are Indirect Measures Biased?", *American Journal of Agricultural Economics*, 61, pp. 926-930.

Bradley, M. (1988), "Realism and Adaptation in Designing Hypothetical Travel Choice Concepts", *Journal of Transport Economics and Policy* 22, páginas 121-137.

Cameron, T. A. (1988), "A New Paradigm for Valuing Non-market Goods using Referendum Data: Maximum Likelihood Estimation by Censored Logistic Regression", *Journal of Environmental Economics and Management*, 15, pp. 355-379.

——, y M. D. James (1987), "Efficient Estimation Methods for Use with Closed-Ended Contingent Valuation Survey Data", *Review of Economics and Statistics*, 69, pp. 269-276.

Carrillo-Guerrero, Y. (2005), "Valor de los flujos de agua dulce en el Delta del Río Colorado: pesquerías, recreación y biodiversidad", informe preparado por Pronatura Noroeste para el Instituto Nacional de Ecología.

Diamond, P., y J. Hausman (1993), "On Contingent Valuation Measurement of Non-use Value", H. J. Hausman (comps.), *Contingent Valuation: A Critical Assessment*, North-Holland.

Duffield, J., y D. Patterson (1991), "Inference and Optimal Design for a Welfare Measure in Dichotomous Choice Contingent Valuation", *Land Economics* 67 (2), pp. 225-239.

Estrella, A. (1997), "A New Measure of Fit for Equations with Dichotomous Dependent Variables", Federal Research Bank of New York, Research Paper núm. 9716.

Freeman III, M. (2003), "The Measurement of Environmental and Resource Values: Theory and Methods", Resources for the Future.

Glenn, E., C. Lee, R. Felger y S. Zengel (1996), "Effects of Water Management on the Wetlands of the Colorado River Delta, Mexico", *Conservation Biology* 10, pp. 1175-1186.

Green, W. H. (1997), *Econometric Analysis*, Prentice-Hall.

Habb, T. C., y K. E. McConell (2002), *Valuing Environmental and Natural Resources: The Econometrics of Non-market Valuation*, Edward Elgar Publishing.

Habb, T. C., y K. E. McConell (1998), "Referendum Models and Economic Values: Theoretical, Intuitive, and Practical Bounds on Willingness to Pay", *Land Economics*, 74, pp. 216-229.

Hanemann, W. M. (1984), "Welfare Evaluations in Contingent Valuation Experiments with Discrete Responses", *American Journal of Agricultural Economics*, 66, pp. 332-341.

——, J. Loomis y B. Kannien (1991), "Statistical Efficiency of Double Bounded Dichotomous Choice Contingent Valuation", *American Journal of Agricultural Economics*, 73, pp. 1255-1263.

Johnson, F. R., K. E. Mathews y M. F. Bingham (2000), "Evaluating Welfare-Theoretic Consistency in Multiple-Response, Stated-Preferences Surveys", TER Technical Working Paper núm. T-0003, Triangle Economic Research.

Krinsky, I., y A. Robb (1986), "On Approximating the Statistical Properties of Elasticities", *The Review of Economics and Statistics*, 86, pp. 715-719.

Kriström, B. (1990), "A Non-Parametric Approach to the Estimation of Welfare Measures in Discrete Response Valuation Studies", *Land Economics* 66 (2), 135-139.

Long, J. S. (1997), *Regression Models for Categorical and Limited Dependent Variables*, Thousand Oaks.

Maddala, G. S. (1983), *Limited-dependent and Qualitative Variables in Econometrics*, Cambridge University Press.

Mitchell, R. C., y R. T. Carson (1989), "Using Survey to Value Public Goods: The Contingent Valuation Method", Resources for the Future.

Ready, R., y D. Ho (1995), "Statistical Approaches to the Fat Tail Problem for Dichotomous Choice Contingent Valuation", *Resource and Energy Economics*, 71, pp. 491-499.

Schumann, H. (1996), "The sensitivity of CV Outcomes to CV Survey Methods", D. J. Bjorntad y J.R. Khan (comps.), *The Contingent Valuation of Environmental Resources: Methodological Issues and Research Needs*, Cheltenham, Edward Elgar.

Stiglitz, J. E. (1986), *Economics of the Public Sector*, Norton.

Train, K. E. (2002), *Discrete Choice Methods with Simulation*, Cambridge University Press.

Valdés-Casillas, C., *et al* (1998), "Wetland Management and Restoration in the Colorado River Delta: *The First Steps*", Cecarena-ITESM Campus Guaymas, Sonora.

7. UN MODELO REGIONAL AGRÍCOLA DE EQUILIBRIO PARCIAL
El caso de la cuenca del Río Bravo

Richard E. Howitt y Josué Medellín-Azuara*

INTRODUCCIÓN

EN ESTE capítulo se presenta y estima un modelo agrícola de equilibrio parcial para la cuenca del Río Bravo. El objetivo primordial es evaluar el efecto en el patrón de cultivos e intensidad de uso de factores de las intervenciones políticas en el sector agua de riego. Estas políticas son primero una disminución en la disponibilidad de factores como agua y mano de obra, y segundo, un incremento en los costos de estos factores. De igual manera, se examina el efecto del cambio en los precios de mercado de algunos cultivos. Para la estimación se utiliza información de campo a nivel de unidad de producción. Los resultados apuntan a que las decisiones de producción para algunos cultivos son más sensibles a los cambios en la disponibilidad de agua que a los cambios en el costo de la misma.

Este capítulo se organiza de la siguiente manera. Primeramente se hará breve descripción del modelo. En seguida se describirá el estudio del caso y la información disponible para la estimación. Los resultados de las estimaciones y simulaciones de políticas conformarán la sección IV del estudio. Al final se ofrecerá las conclusiones y reflexiones respecto al trabajo de investigación y los resultados obtenidos.

I. MODELO

Se construyó un modelo macroeconómico de equilibrio parcial para la cuenca del Río Bravo (CRB), utilizando programación matemática positiva (PMP) según Howitt (1995). La especificación de la función de producción es una de elasticidad de sustitución constante (ESC),

* R. E. Howitt es profesor en el Departamento de Economía Agrícola y de Recursos Naturales, University of California, Davis. J. Medellín-Azuara es investigador en la estancia posdoctoral del Departamento de Economía Agrícola de Recursos Naturales, University of California, Davis (correo electrónico: jmedellin@ucdavis.edu).

con tres factores de producción: agua, tierra y mano de obra. Una función cuadrática de costos obtenida de la programación matemática positiva fue utilizada para derivar los parámetros de la función de producción ESC. Se procedió después a resolver el programa de maximización de ganancias netas de un productor limitado por la disponibilidad de recursos. La función de producción ESC fue calibrada a los valores observados de nivel de producción y factores productivos. Los detalles del modelo se ofrecen en el apéndice.

Howitt (1995) fue el primer trabajo de investigación dedicado a documentar los fundamentos teóricos de la programación matemática positiva o PMP. Comparada con el enfoque tradicional de programación matemática usando especificaciones de producción lineales (por ejemplo Leontief), la PMP permite el uso de funciones de producción y costo no lineales y más flexibles. Los modelos en PMP se caracterizan por calibrar las funciones de producción y costo a los valores observados de uso de factores en la producción de cultivos en una finca o región. Ofrecen además ventajas respecto a los métodos econométricos o inductivos. Primero, los estudios en PMP no requieren conjunto de datos elaborados como el caso de los modelos econométricos. Segundo, la estructura de restricciones en PMP permite representar tanto escasez en factores de producción, como restricciones institucionales y de políticas. Finalmente, la heterogeneidad del uso de suelo agrícola es incorporada en el modelo al parametrizar funciones de costo no lineales.

La demanda derivada de agua es obtenida del modelo en la PMP, una vez que se ha verificado la calibración de la función de producción a los valores base u observados. El valor sombra del agua es producto del valor marginal en la restricción del recurso. Se supone también implícitamente que los agricultores producirán a un nivel tal que el producto marginal del agua iguale el valor sombra de la misma.

La PMP se puede describir como un procedimiento en tres etapas. Primeramente, un programa lineal de utilidad neta es resuelto para calibrar el modelo a los niveles base de producción y uso de factores. En este programa, los factores limitados son tierra y agua. En la segunda etapa, los valores sombra de los factores limitados se obtienen para calcular los parámetros de una función de producción no lineal. Finalmente, se resuelve un programa de maximización de ganancia neta con la recién parametrizada especificación no lineal, y restricciones en los factores.

II. Estudio de caso y datos

La fuente principal de datos para el presente estudio es un informe de la FAO (2005) respecto a las fincas regadas en la CRB. En tal trabajo se entrevistaron 45 fincas en la CRB en 2005. La distribución del número de fincas por estado se describe en el cuadro 1. A nivel de unidad productiva se cuenta con información referente a costo y cantidad de factores de producción utilizados, niveles de producción, precio medio rural del cultivo y monto de los beneficios de programas gubernamentales. Un precio equivalente por tonelada de producto se calculó con base en lo recibido por los programas de apoyo al agro. Las fincas se agruparon en tres tamaños de acuerdo con el cuadro 1: pequeñas, medianas y grandes. Para las fincas pequeñas (de menos de 10 ha) se cuenta con ocho observaciones, mientras que las medianas (entre 10 y 50 ha) y las grandes cuentan con ocho y 29 observaciones, respectivamente.

Para Coahuila y Nuevo León, las encuestas de la FAO cubrieron únicamente un municipio por estado, ocho fincas en Coahuila y cuatro en Nuevo León. En Chihuahua las encuestas se realizaron en cinco mu-

CUADRO 1. *Distribución de tamaño de finca por estado y municipio*

Estado	Municipio	Tamaño de finca			Total
		Pequeña	Mediana	Grande	
Chihuahua	Delicias		1	1	2
	La Cruz	2			2
	Meoqui	1		5	6
	Rosales			1	1
	Saucillo			1	1
	Subtotal	3	1	8	12
Coahuila	Jiménez	4	3	1	8
	Subtotal	4	3	1	8
Nuevo León	Anáhuac	1	1	2	4
	Subtotal	1	1	2	4
Tamaulipas	Gustavo Díaz Ordaz			1	1
	Matamoros			6	6
	Miguel Alemán			2	2
	Reynosa			1	1
	Río Bravo		1	3	4
	Valle Hermoso		2	5	7
	Subtotal		3	18	21
	Total	8	8	29	45

CUADRO 2. *Niveles observados de superficie sembrada (ha) y agua utilizada (m³/ha)* [a]
para algunos cultivos por tamaño de finca

Cultivo	Pequeña		Mediana		Grande		Total	
	Superficie	*Agua*	*Superficie*	*Agua*	*Superficie*	*Agua*	*Superficie*	*Agua*
Alfalfa	1.5	23 000	10.0	16 000	129.0	18 558	140.5	19 186
Trigo			19.4	5 000	77.0	5 000	96.4	5 000
Maíz	3.0	8 000	50.1	5 325	1 358.3	5 236	1 411.4	6 187
Algodón			34.0	8 000	290.0	8 138	324.0	8 069
Melón	10.0	17 000			180.0	2 600	190.0	9 800
Camote					20.0	7 000	20.0	7 000
Frijol	0.5	5 000					0.5	5 000
Sorgo	15.0	7 600	83.0	4 172	2 198.0	2 023	2 296.0	4 598
Total	30.0	12 120	196.5	7 699	4 252.3	6 936	4 478.8	8 105

a Promedio por hectárea.

nicipios y seis en Tamaulipas, donde se encontraron las fincas de mayor tamaño. Cerca de 40% de la muestra y 86% de las 21 fincas se consideraron como fincas grandes. Cinco de 12 distritos de riego en la CRB se incluyeron en la muestra. Además, las unidades de riego en Delicias, Chihuahua, y en el bajo Río Bravo fueron también consideradas en las encuestas del estudio de la FAO.

De los cultivos en el informe de la FAO, ocho fueron seleccionados para el análisis: alfalfa, trigo, maíz, algodón, melón, camote, frijol y sorgo. El cuadro 2 muestra los valores observados y superficies sembradas para los cultivos comprendidos en las 45 fincas entrevistadas. El cuadro también muestra la cantidad de agua utilizada en metros cúbicos por hectárea sembrada.

En el cuadro 2 se registra que alfalfa, maíz y sorgo son los únicos cultivos producidos para todos los tamaños de finca en el estudio. De ellos, la alfalfa es el que requiere una mayor lámina de riego. Se puede advertir también que a mayor tamaño de finca, menor la cantidad de agua por hectárea. Por ejemplo, para las fincas pequeñas se estima una demanda promedio de agua de 12 120 m^3/ha, mientras que las fincas medianas y grandes demandan 7 699 y 6 936 m^3/ha, respectivamente.

Respecto a la eficiencia en el uso de agua, es importante notar la enorme diferencia entre las fincas pequeñas y grandes que producen melón. Mientras que las fincas pequeñas demandan 17 mil m^3/ha las fincas grandes utilizan sólo 15% de tal volumen. Esta diferencia se puede atribuir al menos a cuatro causas: i) podría deberse a un error de medición; ii) apunta a diferentes variedades de melón (blanco vs chino); iii) a la tecnología de riego (presurizado vs rodado), y iv) a la localización geográfica de la finca, en el sentido de que el agua de lluvia no esta siendo contabilizada. Por otro lado, el sorgo en las fincas de gran tamaño parece ser el cultivo que menos agua demanda en la muestra, con 2 203 m^3/ha, cerca de un tercio del volumen utilizado en las fincas pequeñas. Para este caso la ubicación geográfica desempeña un papel fundamental. Tamaulipas, donde se encuentran las fincas de sorgo más grandes, es favorecido en parte por una precipitación pluvial más abundante que en otros puntos geográficos en la muestra con unidades de producción de sorgo más pequeñas. Para el resto de los cultivos, no existen diferencias significativas en la intensidad de uso de agua en relación con el tamaño de la finca.

A pesar de que el frijol es uno de los cultivos más importantes en la dieta diaria en México, la muestra de la FAO contiene una sola unidad productiva de media hectárea que utiliza 5 mil m³/ha. La lámina de riego para trigo no muestra variación relativa al tamaño de la finca. Lo mismo ocurre para maíz y algodón.

III. Resultados del modelo de producción en una finca promedio: Experimentos de política

Para los experimentos tanto de precios de productos como de factores se utilizó una finca promedio por grupo de tamaño. Las cantidades de uso de factores utilizados para cada grupo de fincas se obtuvieron promediando entre las fincas del grupo mismo. Esta sección muestra los resultados para cinco experimentos de política elaborados para analizar el efecto de cambios en la disponibilidad de factores y el costo de los mismos. Los factores en análisis son agua y mano de obra. Para los experimentos de disponibilidad de factores, la restricción de éstos en el programa de optimación no lineal se reescaló de 100 a 60%. Para los experimentos de costo de factores los cambios se hicieron en la función de costo cuadrática (de PMP). Un quinto experimento se realizó para un cambio en el precio de los productos, manteniendo el mismo monto de subsidios de los programas de gobierno.

1. *Disponibilidad de agua*

Para el primer experimento de política se disminuyó gradualmente de 100 a 60% el nivel de agua disponible para cada grupo de tamaño de fincas. El cuadro 3 y la gráfica 1 muestran los resultados obtenidos para la muestra. Se puede notar que el valor sombra del agua resulta mayor para las fincas medianas, seguido muy de cerca por las fincas medianas.

El cambio en las pautas de cultivo de este experimento se muestra en el cuadro 4. Con la excepción del sorgo, tanto para fincas medianas como grandes, y de trigo en las granjas de tamaño mediano, la mayo-

CUADRO 3. *Valor sombra de agua*

Disponibilidad de agua (porcentaje)	Valor sombra (pesos por mil m³)		
	Pequeña	*Mediana*	*Grande*
100	0	0	0
90	85	122	115
80	191	302	289
70	327	566	559
60	518	941	929

GRÁFICA 1. *Valor sombra del agua en pesos corrientes (2005)*
por millar de m^3

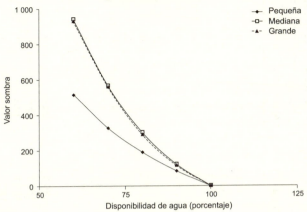

ría de los cultivos muestran reducciones en la cantidad sembrada al disminuir el agua disponible. Las gráficas 3, 4 y 5 muestran la información del cuadro 4 como cambio porcentual para fincas pequeñas, medianas y grandes, respectivamente.

En el cuadro 4 el primer renglón para cada grupo de tamaño indica el área sembrada por cultivo con disponibilidad de agua de 100%. Se puede notar que las fincas pequeñas muestran reducciones para la mayor parte de los cultivos. El caso del frijol es particular ya que aún es redituable para la finca promedio incluso en condiciones de escasez extrema de agua, respecto a otros cultivos. Esto puede explicarse en parte al tomar ventaja de la precipitación pluvial.

Los resultados para el sorgo muestran pequeños incrementos en el área sembrada para las fincas medianas y grandes. Para las fincas pequeñas el efecto es inverso con una reducción de 23%. La alfalfa, el cultivo con mayor demanda de agua, es realmente afectada por la disminución en la disponibilidad del recurso. Se esperan reducciones de entre 17 y 20% (cuadro 4). Con la reducción en disponibilidad de agua, existe una inherente pérdida en las utilidades netas para el agricultor. Con escasez extrema (60%) las fincas pequeñas muestran una disminución más pronunciada en las utilidades de la finca. El trigo en las fincas grandes es la excepción. No hay cultivo alguno que muestre ganancias al disminuir el agua; sin embargo, los cultivos cuyo margen neto cae menos drásticamente se han visto favorecidos en parte por la sustitución resultante.

CUADRO 4. *Experimento de cambio en disponibilidad del agua. Cambio porcentual en área cultivada*

Agua disponible (porcentaje)	Alfalfa	Trigo	Maíz	Aldogón	Melón	Camote	Frijol	Sorgo
Fincas pequeñas								
100	1.5	0	3.0	0	10.0	0	0.5	15.0
90	1.5	0	2.7	0	10.0	0	0.5	14.6
80	1.4	0	2.7	0	10.0	0	0.5	14.0
70	1.3	0	2.7	0	9.9	0	0.5	12.9
60	1.2	0	2.7	0	9.8	0	0.5	11.5
Fincas medianas								
100	10.0	19.4	50.1	34.0	0	0	0	83.0
90	9.7	19.4	49.9	33.7	0	0	0	83.7
80	9.4	19.6	49.7	33.3	0	0	0	84.6
70	8.9	19.8	49.4	32.6	0	0	0	85.7
60	8.3	20.2	49.2	31.8	0	0	0	87.0
Fincas grandes								
100	129.0	77.0	1 358.3	290.0	180.0	20.0	0	2 198.0
90	124.9	75.2	1 347.5	286.9	180.1	19.8	0	2 217.9
80	119.4	73.5	1 333.2	282.5	180.1	19.5	0	2 244.1
70	111.8	72.2	1 314.0	276.3	180.2	19.1	0	2 278.6
60	102.0	67.2	1 268.5	266.3	180.0	18.4	0	2 265.0

GRÁFICA 2. *Reducción porcentual en área sembrada para fincas pequeñas*

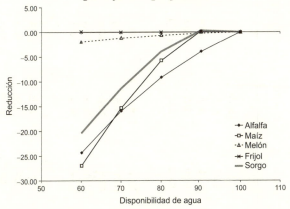

GRÁFICA 3. *Reducción porcentual en área sembrada para fincas medianas*

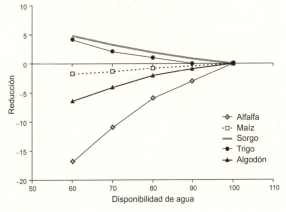

2. Incremento en el costo total del agua

El segundo experimento simula un incremento en el costo del agua, ya sea como resultado de una mayor cuota pagada a la unidad o el distrito de riego, o por otros costos asociados a las actividades de riego, como energía eléctrica o mano de obra. El porcentaje de incremento simulado oscila entre 10 y 50 (cuadro 5). Puede notarse que para las fincas en las que se cultivan alfalfa y/o algodón, el área sembrada disminuye de manera notoria al incrementarse el costo del

CUADRO 5. *Experimento de incremento en el costo total del agua. Cambio porcentual en área sembrada*

Incremento costo del agua (porcentaje)	Alfalfa	Trigo	Maíz	Algodón	Melón	Camote	Frijol	Sorgo
Fincas pequeñas								
10	-0.04	N/A	0.29	N/A	-0.13	N/A	2.23	-0.04
20	-0.09	N/A	0.58	N/A	-0.25	N/A	4.39	-0.08
30	-0.13	N/A	0.86	N/A	-0.38	N/A	6.49	-0.12
40	-0.18	N/A	1.13	N/A	-0.50	N/A	8.52	-0.16
50	-0.23	N/A	1.40	N/A	-0.62	N/A	10.51	-0.20
Fincas medianas								
10	-1.20	0.82	-0.06	-0.87	N/A	N/A	N/A	0.35
20	-2.32	1.65	-0.13	-1.72	N/A	N/A	N/A	0.67
30	-3.44	2.43	-0.19	-2.54	N/A	N/A	N/A	0.99
40	-4.56	3.22	-0.24	-3.34	N/A	N/A	N/A	1.31
50	-5.60	3.96	-0.29	-4.12	N/A	N/A	N/A	1.61
Fincas grandes								
10	-0.97	0.45	-0.08	-0.34	0.00	-0.25	N/A	0.14
20	-1.90	0.88	-0.16	-0.68	0.00	-0.50	N/A	0.28
30	-2.81	1.33	-0.24	-1.01	0.00	-0.75	N/A	0.41
40	-3.70	1.75	-0.32	-1.33	0.00	-0.88	N/A	0.54
50	-4.57	2.18	-0.40	-1.65	0.00	-1.13	N/A	0.66

GRÁFICA 4. *Reducción porcentual en área sembrada para fincas grandes*

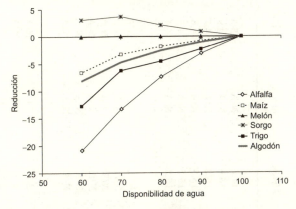

agua. El mayor cambio se observa para las fincas medianas donde la superficie cultivada de alfalfa y algodón disminuye 5.6 y 4.12%, respectivamente, al incrementar el costo de agua al máximo simulado. Las fincas pequeñas por su parte muestran una pauta de cultivo en la que la alfalfa, el melón y el sorgo ceden superficie en favor del maíz y el frijol. También se observa sustitución de cultivos en favor del sorgo y el trigo para las fincas de mayor tamaño.

Una finca promedio cuenta con al menos tres estrategias para responder al incremento en costo del agua en este modelo. Puede reducir el área cultivada, sustituir cultivos o cambiar la intensidad de uso del recurso al modificar la tecnología de riego. El cuadro 5 muestra una respuesta quizá contraria a la intuición, ya que el trigo y el sorgo en fincas pequeñas y medianas responden al incremento en el costo de agua con un incremento en el área sembrada. Esto puede ser explicado en parte por la sustitución de los cultivos que demandan mayores láminas de riego.

El cambio en la intensidad en el uso de agua se muestra en el cuadro 6. La cantidad de agua por hectárea decrece en todos los casos al incrementase el costo del recurso. Ninguno de los cultivos en el presente estudio mostró una disminución en la eficiencia en el uso del recurso al incrementarse el costo del mismo. El cuadro 6 también indica que las fincas pequeñas que siembran maíz tienen la mayor parte de la disminución en uso de agua por hectárea (casi 14%). Casi todas las disminuciones en el uso de agua por hectárea caen entre 10.4 y 13.6% para los tres tamaños de finca.

CUADRO 6. *Experimento de incremento en el costo total del agua. Agua utilizada por cultivo*

(Mil metros³/hectárea)

Incremento costo del agua (porcentaje)	Alfalfa	Trigo	Maíz	Algodón	Melón	Camote	Frijol	Sorgo
Fincas pequeñas								
—	23.0	N/A	8.0	N/A	17.0	N/A	5.0	7.6
10	22.4	N/A	7.7	N/A	16.6	N/A	4.9	7.4
20	21.8	N/A	7.5	N/A	16.2	N/A	4.7	7.1
30	21.3	N/A	7.3	N/A	15.8	N/A	4.6	6.9
40	20.8	N/A	7.1	N/A	15.5	N/A	4.5	6.7
50	20.4	N/A	6.9	N/A	15.2	N/A	4.4	6.6
Fincas medianas								
—	16.0	5.0	5.3	8.0	N/A	N/A	N/A	4.2
10	15.5	4.9	5.2	7.8	N/A	N/A	N/A	4.1
20	15.0	4.7	5.0	7.5	N/A	N/A	N/A	3.9
30	14.6	4.6	4.9	7.3	N/A	N/A	N/A	3.8
40	14.2	4.5	4.8	7.2	N/A	N/A	N/A	4.8
50	13.8	4.4	4.6	7.0	N/A	N/A	N/A	3.7
Fincas grandes								
—	18.6	5.0	5.2	8.1	2.6	7.0	N/A	2.0
10	18.0	4.8	5.1	7.9	2.5	6.8	N/A	2.0
20	17.5	4.7	5.0	7.7	2.5	6.6	N/A	1.9
30	17.0	4.6	4.9	7.5	2.4	6.5	N/A	1.9
40	16.6	4.5	4.7	7.4	2.4	6.3	N/A	1.8
50	16.2	4.4	4.7	7.2	2.3	6.2	N/A	1.8

Estos resultados proporcionan una base para políticas encaminadas a incrementar la eficiencia del agua para riego utilizada vía precio del recurso. Es importante advertir que para el presente experimento se utilizaron costos totales de agua para riego y no precios. El costo total se compone de costos directos e indirectos de riego, como electricidad de bombeo, mano de obra para riego y las cuotas por metro cúbico determinadas por la unidad o el distrito de riego. Estas últimas, representan por lo general una fracción pequeña del costo total de riego, que en parte explica una respuesta en el patrón de cultivos casi nula a los cambios en el costo del agua.

Se analizó también la caída en las ganancias netas del productor. Para este caso, la caída porcentual en las utilidades no llega siquiera a dos unidades al aumentarse el costo del recurso en 50%. Se puede concluir por tanto que no hay pérdida significativa de utilidades en las unidades de producción modeladas en este estudio. Un repunte en las ganancias netas para el trigo resulta de la reducción en la intensidad de uso del agua, provocada por el aumento en precio, y la sustitución de tierra cultivada. Para la mezcla de cultivos y rangos de precio del presente trabajo, es posible argumentar que las políticas de precio destinadas a incrementar el costo total del recurso hídrico, como reducción de subsidios en la tarifa eléctrica o un incremento en la cuota pagada al distrito o unidad de riego, no afectan de manera significativa las utilidades netas de la finca promedio.

3. Prioridad en la asignación de láminas de riego

En este experimento se considera la prioridad en la asignación de agua para cultivos por parte de un organismo gubernamental como pudiera ser la Comisión Nacional del Agua (Conagua). Para el modelo de la cuenca del Río Bravo podría resultar razonable esperar que el agua se utilice primero en los cultivos de alto valor. Sin embargo, cuando la asignación obedece a prioridades predefinidas por la autoridad o una cédula de riego basada en la temporalidad de los cultivos anuales y perennes, se presenta una oportunidad de mejora del modelo propuesto en el presente estudio. Una hipótesis que podría manejarse es que la inseguridad en la disponibilidad de agua de un cultivo incrementa la volatilidad en su oferta. Este comportamiento será representado por la elasticidad-precio en la oferta del cultivo. Una elasticidad-precio de la oferta pequeña corresponderá a los cultivos

CUADRO 7. Experimento de prioridades en asignación de agua para riego.
Cambio porcentual en área sembrada

Disponibilidad (porcentaje)	Alfalfa	Frijol	Algodón	Maíz	Melón	Sorgo	Camote	Trigo
Fincas pequeñas								
60	-5.22	-1.91	N/A	25.86	-0.39	17.89	N/A	N/A
70	-2.67	-1.25	N/A	12.81	-0.20	8.96	N/A	N/A
80	-0.83	-0.45	N/A	4.26	-0.06	2.90	N/A	N/A
90	0.24	0.97	N/A	0.10	0.02	-0.09	N/A	N/A
100	0.00	0.02	N/A	0.00	0.00	0.00	N/A	N/A
Fincas medianas								
60	0.29	N/A	5.44	2.14	N/A	-2.74	N/A	-2.04
70	0.22	N/A	3.23	1.46	N/A	-1.86	N/A	-1.02
80	0.15	N/A	1.70	0.86	N/A	-1.11	N/A	-0.35
90	0.07	N/A	0.67	0.36	N/A	-0.49	N/A	-0.02
100	0.00	N/A	0.00	0.00	N/A	0.00	N/A	0.00
Fincas grandes								
60	-1.92	N/A	6.46	5.06	-0.05	-2.37	-0.93	10.33
70	-0.09	N/A	3.80	2.76	0.10	-2.25	0.53	6.02
80	0.00	N/A	2.05	1.54	0.06	-1.31	0.30	4.07
90	0.02	N/A	0.84	0.66	0.02	-0.58	0.13	1.98
100	0.00	N/A	0.00	0.00	0.00	0.00	0.00	0.00

privilegiados con la asignación y mientras que una mayor elasticidad será para los cultivos de segunda prioridad.

Para este experimento los cultivos de primera prioridad se modelaron con una elasticidad de la oferta de 0.2. Este es el caso del algodón, maíz, trigo y sorgo. Por su parte, los cultivos de segunda prioridad (el resto) se mantuvieron con una elasticidad de 0.8. A pesar de ser posible evaluar la hipótesis de trabajo para un sinnúmero de parámetros (por ejemplo, intensidad en uso de factores, pautas de cultivo) para cada experimento, en esta sección sólo se considera el cambio en la pauta de los cultivos cuando *i*) hay menor cantidad de agua disponible y *ii*) al incrementar el costo del agua. Es decir, se repiten los dos experimentos anteriores simulando ahora una diferencia en la asignación de agua para los cultivos.

El cuadro 7 resume los resultados para el primer experimento. Las columnas en el cuadro representan los cultivos para cada tamaño de finca en el formato anterior. A la izquierda, la primera columna muestra la disponibilidad de agua. Los porcentajes mostrados al interior del cuadro denotan el cambio en el área cultivada como resultado de un cambio en la disponibilidad de agua. Los resultados muestran que sólo unos cuantos cultivos tienen cambios en el área cultivada mayores a 5%. Con menor disponibilidad (60%), la hipótesis referente a la variabilidad parece válida para el maíz y el sorgo en las fincas pequeñas. A niveles intermedios de disponibilidad (80%), las diferencias son relativamente pequeñas, por lo que la hipótesis pierde algo de sustentabilidad.

Para el caso del cambio en el costo del agua (cuadro 8), el cambio en las pautas de cultivo es aún menos evidente. Incluso a altos niveles de aumento en el costo del agua (50%) la diferencia en el área cultivada no llega a 5%. Podría rechazarse entonces la hipótesis de que un cambio en el bajo costo del agua provoca una diferencia en las pautas de cultivo cuando hay prioridades en la asignación del recurso.

4. *Cambio en la disponibilidad y el costo de la mano de obra*

De manera análoga a los experimentos anteriores, en esta subsección se simula un cambio en la disponibilidad y el costo de la mano de obra. Estos fenómenos pueden ocurrir como resultado de políticas laborales que impulsen la demanda de mano de obra fuera del campo o la migración hacia los centros urbanos o al exterior del país.

CUADRO 8. *Experimento de prioridades en asignación de agua para riego.*
Cambio porcentual en área semrada

Cambio en el costo total del agua (porcentaje)	Alfalfa	Frijol	Algodón	Maíz	Melón	Sorgo	Camote	Trigo
Fincas pequeñas								
0	0.00	0.02	N/A	0.00	0.00	0.00	N/A	N/A
10	0.01	0.06	N/A	−0.21	0.00	0.04	N/A	N/A
20	0.02	0.10	N/A	−0.41	0.00	0.08	N/A	N/A
30	0.04	0.14	N/A	−0.61	0.00	0.11	N/A	N/A
40	0.05	0.18	N/A	−0.80	0.00	0.15	N/A	N/A
50	0.06	0.22	N/A	−0.98	0.00	0.18	N/A	N/A
Fincas medianas								
0	0.00	N/A	0.00	0.00	N/A	0.00	N/A	0.00
10	0.05	N/A	0.67	0.10	N/A	−0.20	N/A	−0.56
20	0.09	N/A	1.34	0.19	N/A	−0.40	N/A	−1.10
30	0.14	N/A	2.00	0.28	N/A	−0.59	N/A	−1.61
40	0.19	N/A	2.65	0.36	N/A	−0.77	N/A	−2.10
50	0.23	N/A	3.29	0.44	N/A	−0.95	N/A	−2.58
Fincas grandes								
0	0.00	N/A	0.00	0.00	0.00	0.00	0.00	0.00
10	0.03	N/A	0.27	0.08	0.01	−0.08	0.05	−0.26
20	0.07	N/A	0.53	0.16	0.01	−0.15	0.10	−0.52
30	0.10	N/A	0.79	0.23	0.02	−0.23	0.14	−0.78
40	0.13	N/A	1.05	0.31	0.03	−0.30	0.19	−1.03
50	0.16	N/A	1.30	0.38	0.03	−0.37	0.23	−1.27

Se simula una reducción paulatina de hasta 20% de la mano de obra disponible en el campo. El cuadro 9 muestra que el cambio porcentual del área sembrada varía desde 0.06 hasta 18.75 para maíz y camote respectivamente en fincas pequeñas. En el rango medio, 5.04 para alfalfa y 4.58 para melón en fincas medianas compatibles con 6.4 para alfalfa en las fincas grandes. Se puede notar una sustitución de cultivos en favor del sorgo. Esto se explica en parte, porque el sorgo requiere relativamente menos mano de obra. Por otro lado, el sorgo recibe gran parte de sus ingresos a modo de subsidios. Para la muestra de la FAO el precio del cultivo equivalente con subsidios relativo al precio medio rural es 1.44.

A pesar de que las reducciones en el área cultivada caen por lo general en el orden de las unidades, las reducciones en la intensidad de uso de mano de obra siguen más de cerca los cambios en la disponibilidad de la misma (cuadro 10). La excepción a la regla son los cultivos que tienen reducción del área cultivada como la alfalfa (9.36%). Finalmente, fue estimada la reducción en el total de agua demandada por grupo de tamaño. La mayor reducción se presenta en las fincas grandes, 11.43%. El resto de las reducciones se ubican por debajo de 3.75% al disminuir en 20% la disponibilidad de mano de obra.

Un cambio en el costo total de la mano de obra fue simulado en el presente estudio. Fueron simulados incrementos al costo de la jornada de 10 y de 25% (cuadro 11). La reducción en el área cultivada resultó irrelevante para la mayoría de los cultivos, aun con un costo por jornada de 25% mayor al observado. La excepción fue para camote en las fincas grandes con 5%; el resto de los cultivos no llega a 2% de reducción en el área cultivada. Asimismo, existe una reducción en la intensidad de uso de mano obra al incrementarse el costo de ésta. Sin embargo, dicha reducción llega en el peor de los casos a 8.26% para el camote en las fincas grandes. La mayoría de los cambios en la intensidad de mano de obra cae en un rango de entre 5.6 y 7% (cuadro 12). La cantidad total de agua demandada no es afectada significativamente como resultado del incremento el precio de la mano de obra.

5. *Cambio en el precio de mercado de los cultivos*

El último experimento para el modelo microeconómico de la CRB es el referente a un cambio en el precio de mercado de los cultivos. Para distinguir el efecto del tamaño de finca en este experimento se

CUADRO 9. *Experimento de disponibilidad de mano de obra. Cambio porcentual en área sembrada*

Disponibilidad mano de obra (porcentaje)	Alfalfa	Trigo	Maíz	Algodón	Melón	Camote	Frijol	Sorgo
Fincas pequeñas								
100	0.00	N/A	0.00	N/A	0.00	N/A	0.00	0.00
95	−0.04	N/A	0.80	N/A	−0.04	N/A	−6.87	0.10
90	−0.10	N/A	1.65	N/A	−0.09	N/A	−13.09	0.18
85	−0.18	N/A	2.39	N/A	−0.13	N/A	−16.92	0.19
80	−0.34	N/A	3.12	N/A	−0.19	N/A	−15.96	0.07
Fincas medianas								
100	0.00	0.00	0.00	0.00	N/A	N/A	N/A	0.00
95	−0.80	0.00	0.16	−0.47	N/A	N/A	N/A	0.29
90	−2.40	0.00	0.16	−0.71	N/A	N/A	N/A	0.58
85	−4.00	−0.41	0.32	−1.41	N/A	N/A	N/A	0.96
80	−6.40	−0.83	0.48	−1.88	N/A	N/A	N/A	1.45
Fincas grandes								
100	0.00	0.00	0.00	0.00	0.00	0.00	N/A	0.00
95	−0.97	0.00	0.00	−0.34	−0.97	−3.75	N/A	0.22
90	−2.13	0.00	−0.02	−0.78	−1.94	−8.75	N/A	0.47
85	−3.49	0.32	−0.04	−1.21	−3.19	−13.75	N/A	0.76
80	−5.04	0.32	−0.06	−1.72	−4.58	−18.75	N/A	1.09

CUADRO 10. Experimento de disponibilidad de mano de obra. Cambio porcentual en la intensidad de uso de mano de obra

Disponibilidad mano de obra (porcentaje)	Alfalfa	Trigo	Maíz	Algodón	Melón	Camote	Frijol	Sorgo
Fincas pequeñas								
100	0.00	N/A	0.00	N/A	0.00	N/A	0.00	0.00
95	−2.33	N/A	−5.93	N/A	−3.89	N/A	−15.60	−3.52
90	−4.74	N/A	−11.16	N/A	−7.62	N/A	−35.72	−7.03
85	−6.91	N/A	−15.29	N/A	−10.75	N/A	−68.57	−10.06
80	−9.36	N/A	−19.46	N/A	−14.07	N/A	−100.00	−13.40
Fincas medianas								
100	0.00	0.00	0.00	0.00	N/A	N/A	N/A	0.00
95	−4.44	−4.35	−5.56	−3.92	N/A	N/A	N/A	−3.70
90	−9.26	−8.70	−11.11	−8.82	N/A	N/A	N/A	−11.11
85	−13.70	−15.22	−13.89	−12.75	N/A	N/A	N/A	−14.81
80	−18.52	−19.57	−19.44	−16.67	N/A	N/A	N/A	−18.52
Fincas grandes								
100	0.00	0.00	0.00	0.00	0.00	0.00	N/A	0.00
95	−3.82	−4.55	−4.26	−4.10	−4.78	−7.30	N/A	−3.45
90	−7.99	−9.09	−8.51	−8.20	−9.38	−14.33	N/A	−6.90
85	−12.15	−13.64	−10.64	−12.30	−13.98	−21.49	N/A	−10.34
80	−16.67	−18.18	−14.89	−17.21	−18.49	−28.65	N/A	−13.79

CUADRO 11. *Experimento de incremento en costo de mano de obra. Cambio porcentual en área sembrada*

Incremento salarial (porcentaje)	Alfalfa	Trigo	Maíz	Algodón	Melón	Camote	Frijol	Sorgo
Fincas pequeñas								
10	-0.18	N/A	0.73	N/A	-0.02	N/A	-4.36	0.03
25	-0.46	N/A	1.77	N/A	-0.06	N/A	-9.93	0.06
Fincas medianas								
10	-0.8	0.0	0.0	-0.2	N/A	N/A	N/A	0.1
25	-1.6	0.0	0.2	-0.7	N/A	N/A	N/A	0.4
Fincas grandes								
10	-0.78	0	0	-0.17	-0.56	-1.25	N/A	0.13
25	-1.74	0.32	-0.02	-0.52	-1.25	-5.00	N/A	0.32

CUADRO 12. *Experimento de incremento en costo de mano de obra. Cambio porcentual en la intensidad de uso de mano de obra*

Incremento salarial (porcentaje)	Alfalfa	Trigo	Maíz	Algodón	Melón	Camote	Frijol	Sorgo
Fincas pequeñas								
10	-2.70	N/A	-2.60	N/A	-2.60	N/A	-9.80	-2.80
25	-6.20	N/A	-6.00	N/A	-5.90	N/A	-25.30	-6.50
Fincas medianas								
10	-3.33	-2.17	-2.78	-2.94	N/A	N/A	N/A	-3.70
25	-7.04	-6.52	-5.56	-5.88	N/A	N/A	N/A	-7.41
Fincas grandes								
10	-2.78	-2.27	-2.13	-2.46	-2.80	-3.58	N/A	-3.45
25	-6.94	-6.82	-6.38	-6.56	-6.31	-8.26	N/A	-6.90

incrementó en 10 y 25% el precio de mercado de tres cultivos: alfalfa, maíz y sorgo. Cabe aclarar que el incremento fue solamente en el precio de mercado y no en el precio equivalente utilizado en el programa de optimación. El precio de mercado es sólo una fracción del precio equivalente que toma en cuenta los programas de ayuda al campo. El cuadro 13 muestra la proporción precio equivalente/precio de mercado para todos los grupos de tamaño de finca y cultivos del presente estudio. Una proporción de 1.00 significa que las fincas para ese grupo de tamaño y cultivo en promedio no recibieron ayuda gubernamental que se pudiera traducir en un precio virtual mayor al de mercado. Del cuadro 13 se deduce entonces que no existe variación sistemática en la proporción de que se trata.

Los resultados del experimento se resumen en el cuadro 14. Como es de esperar, el área cultivada se incrementa más para la alfalfa, el maíz y el sorgo. Una excepción es maíz para fincas pequeñas, el cual muestra por lo contrario una reducción en el área cultivada. Una posible explicación es que el apoyo gubernamental pareciera ser menor para este tamaño de fincas en la muestra base para este estudio. Por otro lado, a pesar de que los cambios en la pauta de cultivos son más notorios que para los experimentos de incremento de costo de factores, la cantidad de agua demandada permanece prácticamente constante.

6. *Regionalización*

La extrapolación de las muestra de la FAO para los estados dentro de la cuenca del Río Bravo se realizó utilizando las bases de datos del Sistema de Información Agropecuaria de Consulta (Siacon) de la Secretaría de Agricultura, Ganadería, Desarrollo Rural, Pesca y Alimentación, tomando como base el año agrícola 2004-2005, que fue el utilizado para las encuestas de la FAO. Para la distribución del tamaño de finca se utilizó información de la Conagua concerniente a los distritos y unidades de riego (cuadro 15). El criterio utilizado para la extrapolación fue la minimización de la diferencia ponderada porcentual entre la distribución del tamaño de finca y el área sembrada de acuerdo con las estadísticas. El estado de Chihuahua se utiliza como ejemplo para demostrar la metodología (cuadro 16). Los resultados para los demás estados se muestran en el cuadro 17.

CUADRO 13. *Proporción precio equivalente/precio de mercado*[a]

Tamaño de finca	Alfalfa	Trigo	Maíz	Algodón	Melón	Camote	Frijol	Sorgo
Pequeña	1.00		1.25		1.52		1.00	1.41
Mediana	1.82	1.58	1.45	2.30				1.66
Grande	1.19	1.58	1.99	2.20	1.00	1.00		1.78

[a] El precio equivalente es el precio de mercado por tonelada más los apoyos recibidos por hectárea divididos por el rendimiento medio por hectárea.

CUADRO 14. *Experimento de cambio en precio de mercado para alfalfa, maíz y sorgo. Cambio porcentual en área sembrada*

Incremento en precio (porcentaje)	Alfalfa	Trigo	Maíz	Algodón	Melón	Camote	Frijol	Sorgo
Fincas pequeñas								
10	5.38	N/A	-1.03	N/A	-0.20	N/A	-8.36	0.08
25	13.31	N/A	-2.99	N/A	-0.51	N/A	-21.18	0.31
Fincas medianas								
10	2.40	-4.96	1.44	-1.41	N/A	N/A	N/A	0.58
25	7.20	-12.81	3.35	-3.29	N/A	N/A	N/A	1.45
Fincas grandes								
10	4.26	-12.99	0.59	-1.90	-0.42	-2.50	N/A	0.15
25	11.43	-31.49	2.04	-4.57	-1.11	-7.50	N/A	-0.06

CUADRO 15. *Distribución de tamaño de finca*

(Porcentaje)

	Chihuahua	Coahuila	Nuevo León	Tamaulipas
Pequeño	68.4	83.9	24.7	47.3
Mediana	30.8	16.0	75.0	50.6
Grande	0.8	0.1	0.3	2.1

FUENTE: CNA.

CUADRO 16. *Comparativo de área cultivada observada vs estimada para Chihuahua*

Cultivo	Área sembrada observada (ha)	Área sembrada estimada (ha)	Diferencia porcentual	Absoluto de diferencia porcentual	Diferencia porcentual ponderada
Alfalfa	61 481	47 575	22.6	22.6	2.4
Trigo	11 354	13 285	–17.0	17.0	0.3
Maíz	325 209	315 144	3.1	3.1	1.7
Algodón	54 613	80 533	–47.5	47.5	4.4
Melón	7 482	2 396	68.0	68.0	0.9
Camote	212	189	10.5	10.5	0.0
Frijol	82 765	87 726	–6.0	6.0	0.8
Sorgo	45 158	40 438	10.5	10.5	0.8
Variación promedio				23.14	1.42

7. Metodología para la regionalización

Primeramente se obtuvo para cada cultivo y grupo de tamaño (sin importar el estado) una media del área sembrada. Esto ayudó a tener un área sembrada para la finca y el cultivo característico por tamaño. Posteriormente, se utilizaron estadísticas del Siacon y de la Conagua para sobreuso de tierra por estado y distribución de tamaño de finca para obtener un área total sembrada para cada tamaño de finca basada en la información estadística. El tercer paso consistió en dividir el área sembrada del Siacon entre la de la finca característica del primer paso de la metodología. Con esto se obtuvo un número calculado de fincas. El número calculado de fincas se resta del número sugerido por la distribución de la Conagua. Dicha diferencia se pondera con la distribución de la Conagua.

Para los tres grupos de tamaño y utilizando el número calculado de

CUADRO 17. *Valor sombra del agua para cuatro estados
en la cuenca del Río Bravo*

Disponibilidad de agua (porcentaje)	Chihuahua	Coahuila	Nuevo León	Tamaulipas
Fincas pequeñas				
100	0.0	0.0	0.0	0.0
90	41.2	46.3	59.2	70.0
80	108.0	119.3	147.1	151.4
70	184.4	196.6	239.7	229.3
60	276.1	297.5	363.4	326.7
Fincas medianas				
100	0.0	0.0	0.0	0.0
90	75.1	96.8	121.1	105.7
80	207.4	235.6	271.0	249.0
70	352.2	393.0	452.1	395.3
60	542.3	599.9	690.4	587.5

fincas y el área cultivada de la finca característica, se obtiene una predicción del área sembrada por cultivo. Esta predicción se resta de la estadística estatal por cultivo (del Siacon) y se pondera con la distribución de cultivos en la estadística. La suma de la diferencia ponderada del número de fincas y el área total cultivada en el estado se convierte en una función objetivo por minimizar. La variable de decisión es el número de fincas en cada grupo con restricciones de no negatividad. La distribución óptima de fincas será la que minimice la función objetivo mencionada. La anterior metodología se implementó para otros tres estados en la CRB. El estado de Durango fue omitido debido a que la muestra de la FAO no incluyó dicho estado.

Los precios promedio de los factores de producción, uso de agua, mano de obra y precio medio rural de los cultivos fueron los registrados en la muestra de la FAO, aplicados a nivel estatal utilizando el mismo enfoque para el modelo microeconómico que para la finca característica descrita líneas arriba.

Una comparación de la predicción del área con la estadística estatal del Siacon para el estado de Chihuahua se presenta en el cuadro 16. Saltan a la vista las diferencias en área cultivada para el melón y el algodón. Esto se explica en parte debido a que estos cultivos se dan en la muestra de la FAO más para fincas de gran tamaño, que para el caso de Chihuahua, en donde son menos de 1% según los datos de la Conagua (cuadro 15).

Con base en los mismos experimentos de política para los modelos

GRÁFICA 5. *Valor sombra del agua por estado.*
Fincas medianas

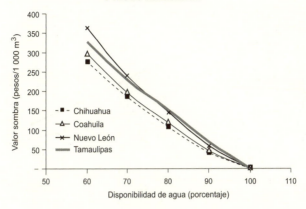

GRÁFICA 6. *Valor sombra del agua por estado.*
Fincas grandes

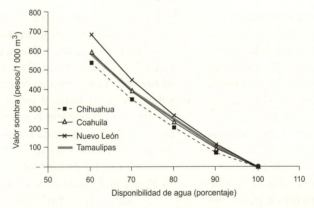

regionales en la CRB, puede notarse nuevamente que el valor sombra del agua es mayor para las fincas de tamaño mediano (cuadro 17). En todos los casos los valores sombra del agua son menores a todos aquellos obtenidos en el modelo macroeconómico para la finca característica (cuadro 3 y gráficas 5 y 6) para todos los estados. Una posible explicación es que la gran proporción de fincas pequeñas en la estadística lleva el valor sombra a niveles más bajos para la finca característica de cada estado. Una segunda razón es la que la mezcla de cultivos de la muestra de la FAO no es precisamente representativa de los cultivos en la estadística estatal.

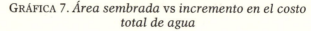

GRÁFICA 7. *Área sembrada* vs *incremento en el costo total de agua*

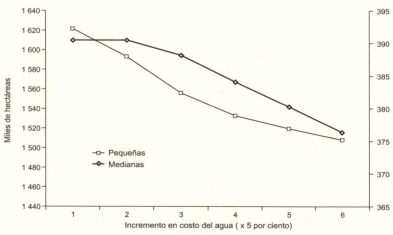

Los experimentos de costo de agua se realizaron para cada estado por separado. Siguiendo las tendencias de la finca representativa en las secciones anteriores, el costo del agua tiene poca influencia en el patrón de cultivos. Por ejemplo, para un incremento de 50% en el costo total del agua, la reducción del área total cultivada en Nuevo León es sólo de –0.075% en las fincas de tamaño mediano. A pesar de que los cambios porcentuales en área total cultivada son relativamente pequeños, puede resultar interesante observar que esta reducción es decreciente para las fincas de tamaño pequeño y creciente para las de tamaño mediano (gráfica 7). Cuando el total de los costos de agua se incrementa 50%, la intensidad en el uso de agua se reduce 13.42% para las fincas pequeñas y 12.84% para las fincas medianas.

Los experimentos de mano de obra también se realizaron para los cuatro modelos estatales. La reducción promedio en el área cultivada para cada estado no excedió el 4%, aun cuando la disponibilidad de mano de obra era sólo de 80%. Este no es fue el caso para la intensidad en el uso de mano de obra, en la que la caída en el parámetro sigue la tendencia de la disponibilidad del factor productivo.

La especificación de producción utilizando ESC, con la misma elasticidad de sustitución para todos los factores, posiblemente sobrestima la sustitución potencial de mano de obra en este caso. Al reducirse en 20% la mano de obra disponible, el uso del factor para todos los cultivos y todos los estados se reduce en promedio 9.77 y 5.78% para fincas pequeñas y medianas, respectivamente. De manera análoga, a 80% de disponibilidad de agua el uso total de agua para cada estado se reduce en promedio 1.45 y 2.6% para fincas pequeñas y medianas, respectivamente.

Una respuesta similar se observa para el costo total de mano de obra. De acuerdo con este experimento, al incrementarse 25% el costo de la jornada, el área cultivada para esta representación de la CRB cae sólo 1.34 y 1.35% para fincas pequeñas y medianas. El cambio intensidad de uso de mano de obra es un tanto más evidente con reducciones de 8.9 y 9.0%. El cambio en el agua utilizada por hectárea es pequeño y negativo, para la mayoría de los cultivos en la CRB. En cuanto a reducción en el consumo de agua por hectárea, éste se estima de 1.76 y 2.21% para las fincas medianas y grandes. Una vez más la hipótesis de sustitución de factores (agua por trabajo) se rechaza. Disminuciones en el consumo total de agua sólo ascienden a 1% para los cuatro estados en la representación de la cuenca, al incrementarse el precio de la jornada en 25 por ciento.

Finalmente, el precio de mercado de los cultivos para los experimentos estatales lleva a pequeños incrementos en el área cultivada total para las fincas pequeñas, 1.04% en promedio para todos los estados y cultivos. Las fincas medianas muestran un incremento de 3.44%. Sin embargo, el total del uso de agua aumenta en promedio hasta 7.32 y 4.37% para fincas pequeñas y medianas, respectivamente.

IV. LIMITACIONES Y MEJORAS AL MODELO

Las limitaciones del presente ejercicio surgen tanto de la formulación del modelo como de los datos disponibles. En el caso del modelo, una limitante es el número de factores en la función de producción. Este modelo toma en cuenta solamente tres factores: mano de obra, tierra y agua. El uso de capital y otros factores utilizados en la producción podrían tener un efecto importante en las decisiones de producción. Un supuesto implícito en el presente artículo es que las fincas dentro de un grupo de tamaño reaccionan de manera similar en cuanto a uso de capital y otros insumos. Por otro lado, existen insumos que podrían constituir una gran parte del costo total de producción para algunos cultivos, por lo que este es un aspecto con gran potencial de mejorar el modelo. La elasticidad de sustitución para todos los cultivos se supuso en 0.27. Esto ayuda a evitar la aberración de una sustitución de facto-res. Menos realista es el supuesto de que la elasticidad de la oferta uti-lizada para obtener el valor sombra del agua es constante para todos los cultivos en la mayoría de los experimentos. El experimento que si-mula la seguridad en la asignación de agua es una excepción y muestra que los resultado del modelo son medianamente sensibles a la elastici-dad-precio de la oferta cuando el agua está limitada a 60%, más insen-sibles cuando se incrementa el costo del recurso en 50%. El modelo podría apegarse más a la realidad al incorporar las elasticidades de la oferta estimadas por otros estudios regionales. Una consideración im-portante es que dicha elasticidad, además de incorporarse para cada cultivo, debe también tomarse en cuenta para cada tamaño de finca.

Los problemas de falta de datos son más comunes en cualquier cla-se de estudio. Además de las elasticidades-precio de la oferta de cul-tivos, una mejora del modelo sería tener más información por unidad de producción para fincas pequeñas y medianas. Las estadísticas es-tatales parecen indicar que las fincas clasificadas como grandes en el estudio son menos comunes. Resulta interesante, sin embargo, que la muestra de la FAO contenga una mayor proporción de fincas de este tamaño. Con la excepción de Nuevo León, las fincas pequeñas tiene aparentemente el mayor peso. Este tipo de fincas no está bien repre-sentado en la muestra base de la FAO utilizada en el presente estudio. Otra posible mejora sería una actualización del número de fincas por tamaño para cada estado. Únicamente se contó con una tabulación de la Conagua y números estimados provenientes de algunas bases de datos de la Sagarpa.

CONCLUSIONES

Los resultados del presente modelo proporcionan una guía para el analista al facilitar la identificación de las políticas que podrían cau-sar disminuciones notorias en la actividad productiva o, en su defec-to, inducir el uso más eficiente de los factores de producción, en particular el agua.

Este ejercicio de análisis de políticas de intervención en el sector agua resalta la importancia de iniciar y promover un acercamiento de los modelos, que persiguen explicar las decisiones productivas, a las realidades institucionales. Al simular el comportamiento del agri-cultor ante una serie de factores muchas veces considerados exógenos se deberá tener la encomienda de apegarse a las condiciones productivas observadas. Los modelos de programación matemática positiva o PMP permiten cumplir con este límite inferior de desempeño con requisitos de información menores que los de algunas estimaciones del tipo inductivo. No obstante, es posible mejorar aún más la calidad de los resultados a medida que se robustece el conjunto de datos utilizado para las estimaciones.

Para las simulaciones del presente estudio, las pautas de cultivo y uso total del agua en la cuenca del Río Bravo parecen ser más sensibles a las políticas encaminadas a limitar los recursos, que a las orientadas a incrementar los costos totales de los mismos. Resalta también que el modelo regional reproduce los resultados del modelo microeconómico para la finca característica con algunas excepciones. Entre ellas, se puede notar que la magnitud del valor sombra del agua es menor para los modelos estatales. Esto puede explicarse en parte porque las fincas grandes están bien representadas en la muestra de la FAO, sin embargo esto parece contrario a la distribución estimada por las estadísticas estatales. Además, la mezcla de cultivos de la FAO y las estadísticas estatales muestran diferencias en cuanto a la representatividad de las regiones.

Finalmente, la conclusión quizá más relevante para el modelo, y los datos de campo utilizados en el presente estudio, apunta a que los costos totales del agua para el agricultor se encuentran dentro de un rango relativamente inelástico. Dentro de dicho rango, incrementos pequeños en los costos del agua, ya sea a manera de eliminación de subsidios al bombeo o de un sencillo incremento en la tarifa por el servicio de riego, afectarían de manera menor las utilidades del agricultor y, hasta cierto punto, las decisiones productivas de la agricultura regada.

Tras la creciente demanda de agua en las grandes urbes, y la continua migración del campo a la ciudad, el programa para investigación en el sector agua deberá incluir una agresiva campaña de adquisición de datos que permita mejorar las estimaciones que intentan simular las decisiones de producción en el agro mexicano. También será menester un mayor diálogo entre los usuarios del servicio, las autoridades en materia de agua y demás instituciones implicadas, para permitir crear escenarios de gestión a simular factibles y con potencial de proporcionar información valiosa al gestor y los interesados. El resultado de esta consulta propiciaría que las simulaciones caigan cada vez más dentro del rango de las posibilidades físicas, políticas e ideológicas del complejo sistema de gestión de recursos hídricos en México.

APÉNDICE. *Modelo de producción para la cuenca del Río Bravo*

El modelo de producción propuesto utilizando programación matemática positiva (PMP) se basa tanto en Howitt (1995) como en Howitt y Msangi (2002). La PMP podría ser vista como un procedimiento en tres etapas. En la primera, se resuelve una función de utilidad neta lineal, calibrada a los valores observados de área cultivada. En la segunda etapa, los valores marginales de las restricciones de calibración son utilizados al parametrizar una función cuadrática de costo, denominada función de costo PMP. Asimismo, se estiman los demás parámetros de la especificación de producción. Una tercera y última etapa utiliza los parámetros calculados tanto para la función de producción como para la función de costo de la programación matemática positiva.

Una vez parametrizadas las formas funcionales de producción y costo, se resuelve un programa no lineal de maximización de utilidades sujeto a las restricciones de recursos. El valor sombra del agua se obtiene al modificar la restricción en el programa concerniente al recurso. En la primera etapa se resuelve el programa lineal para obtener marginales de las restricciones de calibración y parametrizar en la etapa 2. La función de utilidad neta lineal del productor es:

$$Max \sum_g \sum_i v_{gi} \, y_{gi} \, x_{gi, tierra} - \sum_g \sum_i \sum_j \omega_{gij} \, x_{gij} \, a_{gij}$$

Sujeta a las restricciones de:

$Ax \leq b$: límite superior en recursos disponibles, $\forall g, j, i$.
$Ix \leq x + \varepsilon$: límite superior de calibración, $\forall g, tierra, i$.
$Ix \geq x - \varepsilon$: límite inferior de calibración, $\forall g, tierra, i$.
$x \geq 0$: restricción de no negatividad, $\forall g, j, i$.

Los subíndices g, i y j son respectivamente región o grupo g, cultivo i y factor de producción j. Los factores de producción en este modelo son tierra, agua y mano de obra. El parámetro ε se refiere a un número natural con orden de magnitud muy pequeño, conocido como perturbación de calibración. La finalidad de éste es obtener valores sombra en cuanto a al factor tierra, para los cultivos marginales, cuya área sembrada aumentaría si no existieran los límites superiores de calibración y/o de recursos. La matriz A tiene como elementos los coeficientes a_{gij} de Leontieff que normalizan, respecto al área cultivada, los factores de producción de cada cultivo y región. El valor ω_{gij} se refiere al costo unitario del factor de producción. El valor x_{gij} se refiere entonces a los valores observados de los factores de producción, por región y cultivo.

En la segunda etapa, se estiman los parámetros de la función de costo PMP. Si se define una función de costo como:

$$TC(X) = \alpha_{gi} x_{gi,\,tierra} - 1/2 \gamma_{gi} x^2_{gi,\,tierra}$$

en que, los parámetros α_{gi} y γ_{gi} corresponden la intersección y la pendiente de una función linal de costo marginal para le cultivo i, en la región o grupo g. Si se supone que los costos ω_{gij} son en realidad promedio y que el margen neto iguala el costo marginal, Howitt (1995) demuestra que:

$$\gamma_{gi} = \frac{v_{gi} y_{gi}}{\eta_{gi} x_{gi,\,tierra}}$$

en que, y_{gi} es el rendimiento promedio por unidad de tierra y η_{gi} es la elasticidad de la oferta del cultivo i. El parámetro α_{gi} se obtiene a partir de la función de costo promedio, $AC_{gi}(X) = \alpha_{gi} - 1/2\gamma_{gi} x_{gi,\,tierra}$, en que $AC_{gi} = \omega_{gij}$ y el resto de los valores es conocido.

Finalmente, la función de costo PMP substituye al termino lineal de costo en el programa de maximización de utilidad neta de la primera etapa. En este caso, la función objetivo se torna:

$$Max_{x \geq 0} \prod = \sum_g \sum_i v_{gi} Y_{gi} - \sum_g \sum_i \left(\alpha_{gi} x_{gi,\,tierra} + \frac{1}{2} \gamma_{gi} X^2_{gi,\,tierra} \right) -$$

$$- \sum_g \sum_i \sum_{j,\,j \neq tierra} (\omega_{igj} x_{gij})$$

en que Y_{ig}, es la función de producción para el cultivo i, en la región o grupo g, definida como:

$$Y_{gi} = \tau_{gi} \left[\sum_j \beta_{gij} x^{\sigma/(\sigma-1)}_{gij} \right]^{(\sigma-1)/\sigma}$$

Sujeta a las restricciones de disponibilidad de recursos con límite superior, en este caso tierra y agua.

$$xm_{k,\,g} \leq b_{kg}$$

en que xm es la cantidad utilizada del recurso k para la región g, y puede ser tierra o agua. En otras palabras, se supone implícitamente que en la región existe un mercado de tierra. El valor sombra del agua se obtiene como el lagrangiano para agua de la restricción impuesta por esta última desigualdad.

REFERENCIAS BIBLIOGRÁFICAS

FAO (2005), "Identification and Study o Irrigated Farm Types in the Rio Bravo Basin", Background Paper-ESW, Banco Mundial, mayor.

Howitt, R. E. (1995), "Positive Mathematical-Programming", *American Journal of Agricultural Economics* 77(2), pp. 329-342.

——, y S. Msangi (2002), "Reconstructing Disaggregate Production Functions", Working Paper, Department of Agricultural and Resource Economics, University of California, Davis.

Sagarpa (2005), "Sistema de información agropecuaria de consulta (Siacon)" (sitio *web*: www.sagarpa.gob.mx. Accesado11/19/2005).

8. PERSPECTIVAS DE LA AGRICULTURA ANTE REDUCCIONES EN LA DISPONIBILIDAD DE AGUA PARA RIEGO
Un enfoque de equilibrio general

Antonio Yúnez-Naude y *Luis Gabriel Rojas Castro*

INTRODUCCIÓN

EL AGUA ya es un factor limitante para el desarrollo económico de México y la agricultura es el sector productivo del país que más la usa. Debido, entre otras razones, a que al líquido no se le asigna un precio o tarifa que refleje su valor real en el uso agrícola, el recurso está siendo sobreexplotado (véase capítulo 2).

Dentro de este contexto, nuestro principal objetivo es estimar y analizar los posibles efectos que los cambios en la oferta y políticas del agua para riego puedan generar en la producción agrícola y en la economía mexicana en su conjunto, así como en el bienestar de los hogares rurales y urbanos. En el análisis incluimos otros elementos de las políticas públicas relevantes al agro, como la liberación comercial agrícola dentro del TLCAN y la extensión a los alimentos el cobro del impuesto al valor agregado como parte de una reforma fiscal.

La investigación se basa en un modelo de equilibrio general aplicado (MEGA) para México que utiliza una matriz de contabilidad social (MCS) a escala nacional y de las regiones rurales del país, con datos de 2002. El estudio se enfoca en el sector agropecuario y sus regiones rurales, cada una de ellas produciendo seis tipos de cultivos en condiciones de riego o de temporal. Distinguimos a tres tipos de hogares en cada una de las regiones rurales y en el resto de México y consideramos al agua superficial como uno de los insumos primarios utilizados en la producción agrícola de riego.

El enfoque de equilibrio general adoptado es un instrumento poderoso para estudiar los efectos de cambios exógenos; por ejemplo, en las políticas públicas o de choques en el suministro de agua. Esto debido a que un MEGA capta los efectos directos e indirectos de tales cambios, así como sus consecuencias en cuanto a las variables macroeconómicas del sujeto de estudio. O sea que, los resultados del

MEGA que usamos proporcionan elementos para evaluar las consecuencias de cambios exógenos en la producción agropecuaria e industrial, en la oferta agrícola de las regiones rurales de México, en el ingreso de sus hogares y en las variables macroeconómicas de la nación.

La principal motivación del estudio es estimar los efectos que traería consigo en la economía y en los hogares rurales de México las reducciones en la oferta de agua para riego y, con ello, analizar las estrategias que podrían seguirse para promover un uso racional del recurso. Para cumplir con estos dos propósitos presentamos los efectos de equilibrio general que tendrían los siguientes panoramas: *i*) una reducción en la disponibilidad del agua para riego y un incremento en la inversión que promueva la producción agrícola; *ii*) el pago de la deuda de agua a los Estados Unidos de la región del Río Bravo; *iii*) la reducción de la oferta de agua para riego en un contexto de liberación comercial agropecuaria, y *iv*) la inclusión de los alimentos a los cambios simulados en el experimento 3, de un impuesto al valor agregado.

El artículo está dividido en cuatro secciones. En la primera presentamos las principales características del MEGA. En la sección II sintetizamos los procedimientos que seguimos para elaborar la base de datos usada en el modelo y en la III presentamos los principales rasgos del sector agropecuario mexicano durante 2002, el año de estudio. En la sección IV analizamos los principales resultados de las simulaciones elaboradas a partir del MEGA. Concluimos el artículo con una síntesis de nuestros hallazgos y con un análisis de sus consecuencias en materia de políticas.

I. EL MODELO

Una de las características fundamentales de los modelos multisectoriales de programación como el de equilibrio general aplicado es que captan el conjunto de relaciones de una economía, lo cual permite estimar efectos que en ella tendría choques exógenos (Robinson, 1989). El MEGA que elaboramos para efectuar la investigación se basa en el de Lofgren *et al* (2002), ampliado por Thurow (2004) del Instituto Internacional de Investigación de Políticas Alimentarías (IFPRI, por sus siglas en inglés). El código del modelo en GAMS fue desarrollado por Xinshen Diao y utiliza una matriz de contabilidad social micro

(MCS) para México con datos de 2002.[1] El MEGA es de corte neoclásico, en el que se supone que hay pleno empleo de los factores de producción y que los agentes reaccionan a cambios en los precios; es walrasiano en el sentido que todos los precios son relativos.

El modelo contiene un conjunto de ecuaciones lineales y no lineales que definen el comportamiento de los agentes y su entorno económico, determinado por las condiciones de equilibrio de los mercados y los saldos macroeconómicos. En el modelo las decisiones de producción y consumo están determinadas por la maximización de ganancias y utilidad, respectivamente. Las ecuaciones del MEGA incluyen un conjunto de restricciones que tienen que satisfacerse por el sistema como un todo y que no tienen que ser forzosamente consideradas por los agentes en el plano individual o micro. Estas restricciones incluyen los mercados (de productos, factores e insumos) y los agregados macroeconómicos (saldos para las cuentas de ahorro e inversión, gobierno y la cuenta corriente con el resto del mundo).

Las condiciones de equilibrio de las variables para las restricciones micro y macro son las que siguen. El pago de cada factor de producción es la variable que permite el equilibrio de mercado en el supuesto de perfecta movilidad de factores entre actividades y de pleno empleo (no obstante, la tierra sólo se usa en actividades agrícolas). Suponemos que el tipo de cambio es flexible, con lo cual se equilibra la cuenta corriente con el resto del mundo. El ahorro del gobierno es flexible y la propensión marginal a ahorrar de esta institución no cambia. Los movimientos del ahorro gubernamental equilibran sus cuentas. Por su parte, las tasas de ahorro de las instituciones mexicanas generan un ahorro suficiente para financiar la inversión, que suponemos exógena. Por último, suponemos que el ahorro externo es fijo, así como los impuestos y subsidios. El MEGA es para un país pequeño, por lo que los precios de las importaciones y exportaciones son fijos, determinados en el exterior.

Definimos al índice de precios al consumidor como el numerario. Esto significa que el precio al productor, el de los factores y el tipo de cambio de equilibrio son definidos como relativos a este índice (las características básicas del MEGA y de su código se pueden consultar en el capítulo 5 de Yúnez *et al*, 2006).

El MEGA es pues una representación estilizada de la economía —la

---

[1] GAMS son las siglas para el *software* "General Algebraic Modeling System", elaborado por Brooke, Kendrick, Meeraus y Raman.

mexicana— y debido a los supuestos necesarios para calibrarlo, los resultados de las simulaciones que efectuamos deben tomarse como indicativos de los efectos de equilibrio general de los choques considerados y no como predicciones.

II. Los datos

La información para alimentar el MEGA proviene de una matriz de contabilidad social para 2002 (en adelante, MCS-2002), que detalla la economía del sector rural mexicano. Para elaborarla usamos la MCS construida por el IFPRI para 1996 (Lee Harris, 2002). En dicha matriz (MCS-1996) se desglosan las actividades agrícolas de las cuatro regiones rurales de México (norte, centro, sureste y suroeste), pero se excluye al uso de agua para riego. En la MCS-2002 incluimos al agua como factor primario para la producción agrícola y desagregamos de las regiones norte y centro al sector agropecuario del Río Bravo (cuadro 1). Las dos MCS incluyen al sector urbano de México.

CUADRO 1. MCS-2002. *Estados de las regiones rurales de México*

Norte	Centro	Suroeste	Sureste	Río Bravo
Baja California	Durango[a]	Nayarit	Veracruz	Chihuahua
Baja California Sur	Zacatecas	Jalisco	Oaxaca	Coahuila
Sonora	Aguascalientes	Colima	Chiapas	Durango
Sinaloa	San Luis Potosí	Michoacán	Tabasco	Nuevo Léon
Chihuahua[a]	Guanajuato	Estado de México	Campeche	Tamaulipas
Coahuila[a]	Querétaro	Distrito Federal	Yucatán	
Nuevo León[a]	Hidalgo	Guerrero	Quintana Roo	
	Tlaxcala	Morelos		
	Puebla			
	Tamaulipas[a]			

[a] Excluyendo los municipios que se encuentran en la región del Río Bravo.

El procedimiento para tomar en cuenta el agua para riego fue el siguiente. El líquido se toma como un factor de producción y comprende cinco cuentas, una por región rural. En la MCS calculamos el valor total del agua por columna y fila con datos respecto a costos de operación y mantenimiento de los distritos de riego (DR) por municipio, según información de la Comisión Nacional del Agua (Conagua).[2] Estos

[2] Fuentes: Sistema de Información Hidroagrícola de los Distritos de Riego, Comisión Nacional del Agua, Subdirección General de Infraestructura Hidroagrícola, Gerencia de Distritos y Unidades de Riego. Información del año agrícola 2001-2002 proporcionada por los módulos de riego.

costos son cubiertos por los agricultores pertenecientes a las asociaciones de usuarios de agua (AUA) de los DR a manera de cuotas cobradas por las AUA. Los desembolsos incluyen los pagos realizados para la operación y mantenimiento de la infraestructura de riego, administración, conservación, distribución y pago a canaleros y jornaleros. O sea que el valor del agua contiene todos los pagos realizados por los agricultores con riego para tener el servicio del agua en los distritos de riego.

La cuota es lo que realmente le cuesta el agua al agricultor, ya que el usuario no paga por el líquido sino por el servicio. Lo anterior significa que es más apropiado hablar de cuota y no de precio del agua. No obstante, usamos el último término para referirnos al costo del agua. Por columna, en la MCS-2002 los totales del pago por uso del agua por región se distribuyeron al interior de la MCS como parte del valor agregado de cada una de las actividades agrícolas de riego usando los mismos factores técnicos de producción contenidos en la cuenta "tierra irrigada" de la MCS-1996. En la MCS-2002 estos pagos se asignan como ingreso a las AUA, una de las cuentas de instituciones de esta matriz y, a su vez, las asociaciones lo ahorran para inversiones en el periodo siguiente. Así entonces, en la MCS-2002 incorporamos una cuenta de agua para cada una de las cinco regiones rurales como un factor de la producción agrícola, que corresponde al agua superficial usada para la producción agrícola en ellas.[3]

Con lo anterior podemos evaluar los efectos de equilibrio general que tendría la reducción de la oferta de agua para riego en las regiones rurales de México, así como los efectos de políticas que tengan el propósito de promover el uso racional del agua dedicada a la agricultura. Además, la desagregación de la cuenca o región del Río Bravo (RRB en adelante) nos permite evaluar los efectos que tendría la reducción de la oferta de agua en una región rural relevante por su peso en la producción agrícola de México y por las fricciones con los Estados Unidos originados por el uso en México de cantidades del líquido mayores a las cuotas acordadas entre los dos países. Además del agua en la MCS-2002 hay tres factores de producción: trabajo, capital físico y tierra. El trabajo está dividido en dos, urbano y rural, y el primero está compuesto por cuatro subcategorías. Por su parte, la tierra se divide en de riego y de temporal (cuadro 2).

---

[3] Por falta de datos no fue posible incluir en la MCS-2002 (y en el MEGA) el agua usada para la producción agrícola proveniente de pozos.

CUADRO 2. *Factores en la* MCS-2002

Trabajo	Capital físico
Urbano	*Tierra*
Profesionales	Riego[a]
Cuello blanco	Temporal[a]
Obreros	*Agua*[a]
No calificado	
Rural	

[a] Uno por región rural y por cultivo

CUADRO 3. *Mercancías en la* MCS-2002

Agricultura	Agroindustria	Otras manufacturas	Servicios
Maíz	Productos lácteos	Industria ligera	Construcción
Trigo	Frutas y hortalizas	Bienes de capital	Servicios
Frijol	preparadas	Bienes duraderos	profesionales
Otros granos	Trigo industrial		Otros servicios
Frutas y hortalizas	Maíz industrial		Comercio
Otros cultivos	Azúcar industrial		
	Otros alimentos		
Ganadería			

La MCS-1996 contiene 38 cuentas de actividades: seis agrícolas para cada una de las cuatro regiones rurales, una actividad ganadera y silvícola para todo el país y 13 cuentas de actividades para la macro región urbana, es decir las actividades manufactureras y de servicios. En la MCS-2002 actualizamos estas cuentas y añadimos siete actividades: seis agrícolas y otra que incluye a la ganadería de la RRB. Los valores de los flujos de estas siete nuevas cuentas fueron sustraídas de las correspondientes cuentas agrícolas de las regiones rurales del norte y centro y de la cuenta ganadera del resto del país correspondientes a la MCS-1996 (cuadro 1). La MCS y el MEGA distinguen las actividades de las mercancías para tomar en cuenta las diferencias en las condiciones de producción de los seis cultivos agrícolas (así como para distinguir en el MEGA la producción nacional de la importada; la enumeración del cuadro 3 corresponde a las cuentas de mercancías). En el caso de las actividades rurales, cada región tiene una por cultivo. Asimismo, la producción de cada actividad agrícola se divide en dos, conforme al acceso al agua para realizarla: riego y temporal. Así, la MCS consta de 30 actividades agrícolas (seis por región), distinguiendo, además, el acceso al agua. El resto de las actividades y mer-

CUADRO 4. *Cuentas macro de la* MCS-*2002*

Ingresos del gobierno	Gastos del gobierno	Resto del mundo
Impuestos	Compras de mercancía	Exportaciones
Valor agregado	Transferencias a los hogares	Importaciones
Al ingreso	Transferencias a las empresas	Transferencias a los hogares (remesas)
A las empresas	Ahorro	Ahorro externo
Seguridad social	Importaciones	Ahorro-inversión

cancías corresponden al resto de la economía. La excepción es la ganadería, que se desglosa para la RRB.

Dividimos a los hogares conforme a su ingreso: pobres, de ingreso medio y ricos en cada región rural y en el resto del país. La demás instituciones privadas están compuestas por las AUA y por los empresarios urbanos. El gobierno es la última institución de la MCS que obtiene sus ingresos a partir del cobro de impuestos y de los pagos recibidos por seguridad social. La institución distribuye sus gastos en subsidios, en otros programas gubernamentales —como los de Procampo y Oportunidades—, en pago de la deuda, etc. El gobierno forma parte de las cuentas macro, que incluyen al resto del mundo (cuadro 4).

En la actualización de la matriz de 1996 al año 2002 elaboramos primero una matriz macro con información para ese año del Sistema de Cuentas Nacionales de México (SCN, cuadro 5). A partir de esta matriz calculamos y estimamos los totales por columna y fila de la matriz desagregada o micro (MCS-2002), que desagregamos y actualizamos de manera que, en el agregado, todas las cuentas coincidieran con las respectivas macro cuentas.[4]

III. LA ECONOMÍA MEXICANA A PARTIR DE LA MCS-2002

En 2002 el valor bruto de la producción (VBP) agrícola fue de 193.1 mil millones de pesos y el de la ganadería de 143.4 mil millones. Las

[4] Para ello usamos la información del Sistema Agropecuario de Consulta (Siacon) de la Secretaría de Agricultura Ganadería y Pesca (Sagarpa), del Sistema de Cuentas Nacionales, de la Encuesta Nacional de Ingresos y Gastos de los Hogares (ENIGH), del Anuario Estadístico de Comercio Exterior, de la Secretaría de Hacienda Federal y del Banco de México (véase pormenores en el capítulo 4 de Yúnez *et al*, 2006, y Albornoz, 2006).

CUADRO 5. *Matriz de contabilidad social macro (2002)*

(Miles de millones de pesos)

	Actividades	Mercancías	Trabajo	Capital	Tierra	Hogares	Empresas	Gobierno	Inversión	Resto del mundo	Total
Actividades		9 876.34				14.93					9 891.28
Mercancías	4 123.52					4 305.40		467.11	1 243.40	1 646.10	11 785.53
Trabajo	1 988.51										1 988.51
Capital	3 572.26										3 572.26
Tierra	87.41										87.41
Hogares			1 877.32		87.41		2 459.62	534.80		133.07	5 092.22
Empresas				3 412.80				116.90			3 529.70
Gobierno	119.44	147.95	111.18			369.27	281.08	267.40			1 296.33
Ahorro	0.14					402.62	789.00	−136.03		187.68	1 243.40
Resto del mundo		1 761.23		159.45				46.16			1 966.84
Total	9 891.28	11 785.53	1 988.51	3 572.26	87.41	5 092.22	3 529.70	1 296.33	1 243.40	1 966.84	

FUENTE: Albornoz (2006).

CUADRO 6. *Agricultura. Valor bruto de la producción* (VBP), *exportaciones e importaciones (2002)*

Cultivos	VBP	Distribución (porcentaje)	Regados	Distribución (porcentaje)	Exportaciones	Distribución (porcentaje)	Importaciones	Distribución (porcentaje)
Maíz	34.96	18.11	16.24	46.45	0.71	1.16	16.99	37.38
Trigo	4.46	2.31	3.86	86.50	0.32	0.53	1.86	4.10
Frijol	10.02	5.19	2.94	29.34	3.60	5.88	1.16	2.55
Otros granos	10.29	5.33	4.36	42.37	0.04	0.06	0.95	2.09
Frutas y hortalizas	76.71	39.72	56.05	73.07	23.70	38.68	1.80	3.96
Otros cultivos	56.65	29.34	33.54	59.20	32.89	53.69	22.70	49.93
Totales	193.10	100.00	116.99	60.59	61.26	100.00	45.46	100.00

FUENTE: MCS-2002, en Yúñez *et al* (2006).

frutas y hortalizas fue el sector de mayor peso en el VBP agrícola, con una participación de 39.7%; le siguieron otros cultivos (29.34%) y el maíz (18.11%, cuadro 6). En términos de VBP, la mayor parte de las frutas y hortalizas y el trigo se producen en condiciones de riego (86.5 y 73.07%), y una gran proporción del frijol, otros granos y maíz son producidos en tierras de temporal. Los cultivos más exportados son otros cultivos y las frutas y hortalizas (38.68 y 53.69%, respectivamente) y los más importados son el maíz (37.38%) y otros cultivos (49.93 por ciento).

La estructura de la distribución de los cultivos en el VBP difiere entre las cinco regiones rurales (cuadro 7). Por ejemplo, el peso del maíz en suroeste, sureste y centro es más alto respecto al norte y la RRB, mientras que las frutas y hortalizas son el cultivo de mayor peso en estas dos últimas regiones (el gran peso del sector otros cultivos en las regiones sureste y suroeste proviene de la producción de café y azúcar).

CUADRO 7. *Distribución de los cultivos en el VBP por región (2002)*

(Porcentaje)

Cultivo	Norte	Centro	Suroeste	Sureste	Río Bravo
Maíz	11.61	18.29	25.57	14.83	3.26
Trigo	7.32	1.04	0.76	0.05	0.64
Frijol	5.85	9.85	2.29	2.43	0.85
Otros granos	3.45	10.27	4.63	0.49	32.81
Frutas y hortalizas	56.52	30.51	34.70	38.87	40.90
Otros cultivos	15.25	30.05	32.06	43.33	21.54
Totales	100	100	100	100	100

FUENTE: MCS-2002, en Yúnez *et al* (2006).

Las diferencias en la estructura de la producción agrícola entre regiones también se reflejan en la distribución del VBP de los cultivos entre ellas (cuadro 8). En efecto, casi 70% del valor del maíz producido en México proviene del centro y suroeste y 35% del valor de las frutas y hortalizas se obtiene en el norte del país. El peso de los insumos primarios en el valor agregado agrícola también difiere considerablemente entre regiones (cuadro 9). En el norte, la participación del capital físico en el valor agregado es el más alto (47.45%) y lo mismo sucede con la de la tierra regada en esta región y en la RRB (35.33 y 68.5%, respectivamente). Por su parte, el peso del trabajo es mucho mayor en el centro, sureste y suroeste respecto al norte y a la región del Río Bravo.

CUADRO 8. *Distribución del VBP de los cultivos entre
regiones (2002)*

(Porcentaje)

Cultivo	Norte	Centro	Suroeste	Sureste	Río Bravo	Total
Maíz	15.70	26.90	42.60	14.66	0.15	100
Trigo	77.54	11.96	9.86	0.42	0.22	100
Frijol	27.62	50.53	13.33	8.39	0.13	100
Otros granos	15.85	51.34	26.19	1.64	4.98	100
Frutas y hortalizas	34.84	20.46	26.35	17.52	0.83	100
Otros cultivos	12.72	27.28	32.96	26.44	0.59	100

FUENTE: MCS-2002, en Yúnez *et al* (2006).

CUADRO 9. *Distribución de los factores en el valor agregado
agrícola por región (2002)*

(Porcentaje)

Cultivo	Norte	Centro	Suroeste	Sureste	Río Bravo
Trabajo	12.15	29.26	19.85	25.93	8.92
Tierrra de riego	35.33	20.29	20.71	10.53	68.50
Tierra de temporal	4.83	18.53	17.05	31.59	3.34
Agua	0.24	0.05	0.02	0.02	0.63
Capital	47.45	31.87	42.37	31.93	18.61
Totales	100	100	100	100	100

FUENTE: MCS-2002, en Yúñez *et al* (2006).

CUADRO 10. *Distribución del ingreso entre los hogares
de las regiones rurales*

(Porcentaje)

Hogar	Norte	Centro	Suroeste	Sureste	Río Bravo
Pobre	31.33	35.32	22.22	48.81	22.41
Ingreso medio	35.33	41.71	35.87	32.12	44.05
Rico	33.35	22.97	41.90	19.07	33.54
Total	100	100	100	100	100

FUENTE: MCS-2002, en Yúñez *et al* (2006).

Es reducida la participación del agua en el valor agregado agrícola
(por ejemplo, de menos de 1% en la RRB, la región en donde el líquido
tiene el mayor peso). Ello refleja el hecho de que el agua para riego no
se valora.[5] La mayor parte del agua se asigna a la producción de frutas y hortalizas en el norte y en la RRB (42 y 45%, respectivamente) y a
otros cultivos en el resto de las regiones rurales del México (por

[5] Una línea de investigación pertinente sería realizar un análisis de equilibrio general aplicado a partir asignarle un valor al agua.

ejemplo, 44% en el centro; véase pormenores en Yúnez *et al*, 2006). En cuanto al ingreso de los hogares agrícolas, los pobres tienen el mayor peso en el sureste, los ricos en el suroeste y los de ingreso medio en el resto de las regiones (cuadro 10). La participación de los hogares rurales en el ingreso de las instituciones privadas mexicanas es sólo de 13%, mientras que la de los hogares urbanos alcanza 46% y la de las empresas 41% (la de las AUA es ínfima, de 0.00002%, Yúnez *et al*, 2006).

IV. RESULTADOS

Una vez calibrado el MEGA, realizamos una serie de simulaciones para estimar los posibles efectos de choques en la oferta de agua y de cambios en políticas públicas en el sector agrícola y en la distribución y cobro del agua para riego. Los resultados obtenidos no son predicciones, sino los efectos de equilibrio general potenciales que podrían traer consigo los choques simulados. La manera más conveniente de analizar los resultados de las simulaciones es comparando, en términos porcentuales, los datos del año base (los de la MCS de 2002 calibrada a partir del MEGA) con los estimados a partir de la simulación correspondiente.

Las simulaciones cuyos resultados presentamos a continuación pueden dividirse en dos: las vinculadas directamente con el sector de agua para riego y las que combinan cambios en la oferta del líquido con políticas macroeconómicas. El primer conjunto está dividido en dos. En el experimento 1 simulamos la inversión de los recursos recibidos por las Asociaciones de Usuarios de Agua (AUA) para riego y, con ello, la promoción de la oferta agrícola regada ante la reducción en 50% de la oferta de agua para tal propósito.[6] En la segunda simulación reducimos la oferta del líquido en la RRB proveniente del pago de la deuda del agua de la región que México tiene con los Estados Unidos. También son dos las simulaciones macro cuyos resultados presentamos en el artículo. Con el tercer experimento indagamos los efectos que tendría la reducción de 50% en la oferta del agua para riego en un contexto de liberación comercial y en el último añadimos al previo un aumento de 15% en el impuesto al valor agregado a alimentos. A continuación se analiza los cuatro experimentos.

---

[6] Hicimos otras simulaciones no mostradas en el artículo. Entre otras, simulamos disminuciones escalonadas en la oferta de agua para riego y modificaciones en la oferta del líquido causadas por el fenómeno meteorológico del Niño (véase pormenores en Yúnez *et al*, 2006).

1. *Efectos de la inversión de las cuotas de* AUA *provenientes de una reducción de 50% en la oferta de agua para riego*

Efectuamos el experimento en dos pasos. En el primero simulamos una reducción de 50% de la oferta de agua superficial para riego, lo cual ilustra lo que podría suceder de reducirse el flujo del líquido debido a cambios climáticos o a políticas de distribución del agua para usos distintos de los de la producción agrícola. Debido a que el cambio conduce a un aumento en el ahorro de las AUA, en el segundo paso simulamos que este aumento se invierte de manera que se promueva la producción agrícola de riego en cada una de las cinco regiones rurales. La inversión se canaliza a los cultivos de acuerdo con la participación de cada actividad de riego en el valor agregado del

CUADRO 11. *Reducción de la oferta de agua y aumento en la inversión de las* AUA *en la agricultura de riego. Efectos en los precios de las mercancías*

(Cambios porcentuales respecto a la base)

Producto	Reducción de la oferta de agua	Reducción de la oferta e inversión
Maíz	0.049	0.043
Trigo	0.056	0.036
Frijol	0.012	0.009
Otros granos	0.012	0.007
Frutas y hortalizas	0.022	0.017
Otros cultivos	0.048	0.044
Ganado	0.001	0.000
Productos lácteos	0.000	0.000
Frutas y hortalizas preparadas	0.006	0.005
Trigo procesado	0.010	0.007
Maíz procesado	0.004	0.004
Azúcar	0.023	0.021
Otros alimentos procesados	0.003	0.003
Manufactura ligera	0.000	0.001
Bienes intermedios	−0.001	−0.001
Bienes de capital	−0.001	−0.001
Productos duraderos	−0.001	−0.001
Construcción	−0.001	−0.001
Servicios profesionales	−0.001	−0.001
Otros servicios	−0.001	−0.001
Comercio	−0.001	−0.001

FUENTE: Estimaciones propias.

CUADRO 12. *Reducción de la oferta de agua y aumento en la inversión de las AUA en la agricultura de riego. Efectos en las ventas internas de mercancías*

(Cambios porcentuales respecto a la base)

Producto	Reducción de la oferta de agua	Reducción de la oferta e inversión
Maíz	−0.049	−0.044
Trigo	−0.095	−0.064
Frijol	−0.023	−0.018
Otros granos	−0.042	−0.028
Frutas y hortalizas	−0.034	−0.026
Otros cultivos	−0.104	−0.096
Ganado	−0.004	−0.003
Productos lácteos	−0.002	−0.002
Frutas y hortalizas preparadas	−0.014	−0.011
Trigo procesado	−0.015	−0.010
Maíz procesado	−0.009	−0.008
Azúcar	−0.020	−0.018
Otros alimentos procesados	−0.006	−0.005
Manufactura ligera	−0.001	−0.001
Bienes intermedios	0.003	0.003
Bienes de capital	0.010	0.009
Productos duraderos	0.002	0.002
Construcción	0.002	0.002
Servicios profesionales	0.000	0.000
Otros servicios	0.000	0.000
Comercio	0.000	0.000

agua de cada región. O sea que con el experimento evaluamos los efectos de un esfuerzo de inversión para promover la eficiencia de las actividades de la agricultura de riego en un contexto de reducción de la disponibilidad de agua para el sector.

Los resultados del MEGA muestran que la reducción en 50% de la oferta de agua provoca un aumento en los precios de los productos agrícolas (entre 0.056% para el trigo y 0.012% para el frijol y otros granos). En el caso en que, frente a ello, se invirtiera el ahorro de las AUA en la producción agrícola regada, los precios aumentarían menos (0.036% para el trigo y 0.007% para otros granos; cuadro 11).[7]

La reducción en la disponibilidad de agua para riego deprime la producción agrícola regada, reduce las exportaciones de estos bienes

[7] Se debe considerar que el cambio de precios es respecto a la base, que en la calibración son iguales a 1.

CUADRO 13. *Reducción de la oferta de agua y aumento en la inversión de las AUA en la agricultura de riego.*
Efectos en la producción

(Cambios porcentuales respecto a la base)

	Todos los cultivos por región			Todas las regiones por cultivo		
Región	Reducción oferta agua	Inversión	Cultivo	Reducción oferta agua	Inversión
Tierra de temporal					
Norte	0.092	0.080	Maíz	0.082	0.073
Centro	0.037	0.033	Trigo	0.116	0.074
Suroeste	0.029	0.025	Frijol	0.027	0.025
Sureste	0.011	0.009	Otros granos	-0.010	-0.012
RRB	0.014	0.011	Frutas y hortalizas	0.036	0.029
Subtotal	0.029	0.025	Otros cultivos	-0.016	-0.012
			Subtotal	0.029	0.025
Tierra regada					
Norte	-0.324	-0.283	Maíz	-0.243	-0.215
Centro	-0.114	-0.099	Trigo	-0.121	-0.081
Suroeste	-0.046	-0.039	Frijol	-0.189	-0.160
Sureste	-0.066	-0.056	Otros granos	-0.107	-0.059
RRB	-0.731	-0.614	Frutas y vegetales	-0.080	-0.062
Subtotal	-0.179	-0.156	Otros cultivos	-0.335	-0.311
			Subtotal	-0.179	-0.156

	Reducción de la oferta	
	Agua	Inversión
Agricultura	-0.0918	-0.0799
Ganadería		
Río Bravo	0.0032	0.0018
Resto de regiones	-0.0044	-0.0035
Procesamiento de alimentos	-0.0083	-0.0070
Actividades no agrícolas	0.0022	0.0019
Economía	-0.0005	-0.0004

FUENTE: Estimaciones propias.

y hace crecer sus importaciones. No obstante, este último aumento es insuficiente para mantener las ventas internas respecto a la base: éstas decrecen entre –0.1% (otros granos) y –0.023% (frijol). La depresión en la oferta interna regada y en sus ventas se compensa parcialmente con la inversión de las AUA (cuadro 12).[8]

En el panorama de la caída en la oferta de agua más inversión, la producción interna de cultivos de temporal aumenta y la de bienes agrícolas regados baja. Sin embargo, tal disminución es menor que en el panorama de reducción de la oferta del agua sin inversión (–0.16 y –0.18%, respectivamente; cuadro 13). De no invertirse los recursos de las AUA, la oferta agrícola del país caería más ante la reducción del agua para riego (–0.09% frente a –0.08%), y lo mismo sucedería con la producción ganadera (salvo la de la RRB), con el procesamiento de alimentos y con la economía en su conjunto. Por su parte, las actividades no agropecuarias crecen en ambos panoramas.[9]

Las regiones rurales más afectadas por la reducción en el suministro de agua para riego son las del norte del país. En cuanto a los cultivos esto se aplica a otros cultivos y al maíz, aun con el panorama con inversión. La exportación de bienes agrícolas y alimentos procesados disminuye en menor proporción cuando la inversión se le suma a la caída en la oferta del agua, mientras que las exportaciones manufactureras aumentan a una tasa menor. En cuanto a las importaciones de productos agrícolas, cuando el aumento de los ingresos de las AUA se invierte en la producción de riego, sus compras al exterior aumentan en menor medida respecto al panorama sin inversión (esto es así sobre todo en la RRB y en el norte; véase pormenores en *ibid*, en el que también se presentan los cambios estimados en la demanda de factores respecto a las dos simulaciones que estamos analizando).

En los dos panoramas disminuyen los salarios reales urbanos y rurales, así como la renta de la tierra con sistema de riego, aunque a una tasa menor cuando hay inversión (la diferencia más amplia de los efectos entre los dos panoramas se da para la RRB). El precio sombra del agua aumenta considerablemente en ambos panoramas y en todas las regiones (más de 134%, *ibid*).

[8] No obstante que los cambios porcentuales en las ventas de bienes agrícolas (y en otras variables) parecen bajos, no lo son en términos de valor. Por ejemplo, la reducción de 0.049% en las ventas de maíz (primera fila del cuadro 12) significa 11.6 millones de pesos.

[9] De haber logrado incluir en el modelo el uso de agua para actividades no agropecuarias, y con ello, simular una transferencia de agua del sector agrícola al resto, el aumento en las actividades manufactureras y de servicios habría sido mayor.

CUADRO 14. *Reducción de la oferta de agua y aumento
en la inversión de las AUA en la agricultura de riego.
Efectos en el ingreso real de las instituciones privadas*

(Cambios porcentuales respecto a la base)

	Reducción oferta agua	Inversión
Hogares urbanos		
Pobres	−0.001	−0.001
De ingreso medio	−0.001	−0.001
Ricos	−0.001	−0.001
Empresas	−0.002	−0.001
Asociaciones de usuarios de agua	18.449	18.489
Hogares rurales		
Pobres		
Norte	−0.016	−0.014
Centro	−0.005	−0.005
Suroeste	0.000	0.000
Sureste	−0.001	−0.001
Río Bravo	−0.003	−0.003
Ingresos medios		
Norte	−0.011	−0.010
Centro	−0.002	−0.002
Suroeste	0.000	0.000
Sureste	−0.001	−0.001
Río Bravo	−0.002	−0.002
Ricos		
Norte	−0.113	−0.102
Centro	−0.017	−0.015
Suroeste	−0.003	−0.003
Sureste	−0.006	−0.006
Río Bravo	−0.068	−0.059

FUENTE: Estimaciones propias.

Una manera de evaluar y sintetizar los efectos de los experimentos analizados es a partir de los resultados de los cambios en el ingreso real de los hogares (cuadro 14). La reducción de la oferta de agua para riego deprime el ingreso de todos ellos (la reducción es menor cuando se invierten los recursos recibidos por las AUA). Los hogares más afectados son los ricos de las cinco regiones rurales, sobre todo los del norte y del Río Bravo. Por ejemplo, el ingreso del primer grupo cae −0.11%, que equivale a más de 43 millones de pesos. La única institución cuyo ingreso aumenta es el de las AUA, que crece 18.5% en ambos panoramas. Por último, el ingreso real del gobierno se mantiene prácticamente sin cambios (aumenta sólo 0.002 por ciento).

Los resultados muestran que los efectos negativos de la reducción de la oferta de agua en la agricultura regada y sector rural mexicanos podrían mitigarse con inversiones de las AUA. Al respecto, debe de tenerse en cuenta que esta última simulación no incorpora el cambio técnico que podría aumentar la eficiencia en el uso de agua de riego. Nuestros resultados sugieren que esto podría ser la opción para que la agricultura de riego enfrente las reducciones en la oferta de agua que habrá en el futuro cercano, por el aumento en la demanda industrial y urbana del líquido, por el cambio climático o por la contaminación del recurso.

2. *Efectos de la disminución en la oferta del agua de la RRB derivado del pago de la deuda a los Estados Unidos*

El propósito de esta simulación es evaluar las consecuencias económicas del pago de agua que la RRB adeuda a los Estados Unidos. El experimento consiste en reducir la disponibilidad de agua para riego agrícola en la RRB en 40%, porcentaje que corresponde al compromisos del gobierno mexicano de pagar tal deuda al vecino del norte, que asciende a un monto anual de 695 millones de metros cúbicos de agua de la RRB de México.

Los efectos de equilibrio general en la economía mexicana ocasionados por el pago son negativos, aunque pequeños. Los precios de la mayor parte de las mercancías aumentan, en particular los de los bienes del sector agrícola (el del trigo es el que más crece, 0.003%, y el del maíz lo hace en 0.001%). Las exportaciones de los bienes más vendidos al exterior disminuye (−0.006% las de frutas y hortalizas) y las importaciones de bienes agrícolas aumentan (0.0004% las de maíz, 0.001% las de trigo y 0.007 y 0.004% las de otros granos y cultivos, respectivamente; *ibid*).

Las actividades agrícolas de la RRB son las que resienten los efectos negativos del pago del agua, sobre todo la agricultura de riego, cuya oferta baja 0.53%. Por su parte, la producción ganadera de esta región aumenta un poco, 0.002% (cuadro 15). El ingreso real de algunos hogares baja un poco y el que más se reduce es el de los ricos de la RRB (−0.05%, frente a −0.001% del de los hogares pobres). La reducción de la oferta de agua para riego conduce a un aumento del ahorro de las AUA de la RRB de 0.82% (cuadro 16). Esto abre la posibilidad de invertirlo en la promoción de la eficiencia en el riego de la región (véase el análisis de la subsección 1).

CUADRO 15. *Pago de la deuda de agua de la* RRB
a los Estados Unidos. Efectos en la producción

(Cambios porcentuales respecto a la base)

Todos los cultivos por región		*Todas las regiones por cultivo*	
Tierra de temporal			
Norte	0.000	Maíz	0.001
Centro	0.000	Trigo	0.010
Suroeste	0.000	Frijol	0.001
Sureste	0.000	Otros granos	−0.009
RRB	−0.002	Frutas y hortalizas	0.003
Subtotal	0.000	Otros cultivos	0.000
		Subtotal	0.000
Tierra de riego			
Norte	0.001	Maíz	−0.004
Centro	0.000	Trigo	−0.007
Suroeste	0.000	Frijol	−0.003
Sureste	0.000	Otros granos	0.073
RRB	−0.530	Frutas y hortalizas	−0.006
Subtotal	−0.007	Otros cultivos	−0.017
		Subtotal	−0.007
Totales			
Agicultura		0.000	
Ganado			
RRB		0.002	
Resto de México		0.000	
Actividades no agrícolas		0.000	
Economía		0.000	

FUENTE: Estimaciones propias.

Antes de pasar a las simulaciones de cambios en políticas macro, conviene comentar los resultados de otra simulación que consiste en aumentar el "valor del agua" en 2.4 veces. Son pequeños los efectos de tal cambio en la agricultura y economía mexicanas, y mucho menores a los efectos que surgen de la reducción de la oferta de agua. Ello debido a que, en realidad, el agua para riego no tiene, prácticamente, valor en el mercado (las tarifas que los agricultores pagan a las AUA son sólo para el mantenimiento de la infraestructura de riego; resultados en *ibid*).

3. *Efectos combinados del* TLCAN *y de la disminución en la oferta del agua para riego*

La simulación consiste en añadir a la reducción de 50% del suministro de agua para riego la liberación del comercio agropecuario

CUADRO 16. *Pago de la deuda de agua de la* RRB *a los Estados Unidos. Efectos en el ingreso real de las instituciones privadas*

(Cambios porcentuales respecto a la base)

Hogares urbanos		*Hogares rurales*	
Pobres	0.0000	*Ingresos medios*	
De ingreso medio	0.0000	Norte	−0.0001
Ricos	0.0000	Centro	−0.0001
Empresas	0.0000	Suroeste	0.0000
Asociaciones de		Sureste	0.0000
usuarios de agua	0.8235	RRB	−0.0004
Hogares rurales			
Pobres		*Ricos*	
Norte	0.0000	Norte	0.0003
Centro	0.0000	Centro	−0.0001
Suroeste	0.0000	Suroeste	0.0000
Sureste	0.0000	Sureste	0.0000
RRB	−0.0007	RRB	−0.0472
		Gobierno	0.0001

FUENTE: Estimaciones propias.

dentro del TLCAN. Para lo último partimos de las tarifas arancelaras aplicadas al comercio agropecuario entre México y los Estados Unidos durante 2005 y consideramos que los precios de los productos agropecuarios comerciados protegidos cambian en la misma proporción que la eliminación de tarifas acordadas para 2008. En específico, y en cuanto al TLCAN, en el experimento hicimos los cambios que siguen en los precios de las mercancías aún protegidas: redujimos el de los cultivos mexicanos no competitivos (el del maíz en 20%, el de los frijoles en 10% y el de los lácteos en 5%) y aumentamos en 5% el precio de los bienes exportados por México (frutas y hortalizas).[10]

Los efectos de equilibrio general del panorama descrito en cuanto a los precios están en el cuadro 17. Como vimos, la reducción de la oferta de agua para riego aumenta el precio de las mercancías agrícolas. Por su parte, la eliminación de las tarifas a su importación (las del maíz y frijol en específico) causa una reducción en el precio de los bienes importados por México. Los resultados registrados en el cua-

[10] A diferencia de lo sucedido desde mediados del decenio de los noventa, en fechas recientes el precio internacional del maíz ha estado subiendo y es aún incierta cual será su evolución en los próximos años. La simulación respecto al TLCAN debe entonces tomarse como un experimento para indagar lo que sucedería si el precio del grano llega a estabilizarse a partir del 2008.

CUADRO 17. *TLCAN y reducción de la oferta de agua.*
Efectos en los precios de las mercancías

(Cambios porcentuales respecto a la base)

Maíz	−9.0279
Trigo	0.5436
Frijol	−1.4935
Otros granos	0.3293
Frutas y hortalizas	−1.5149
Otros cultivos	0.6258
Ganado	−0.0105
Productos lácteos	−0.4956
Frutas y hortalizas procesadas	−0.3604
Trigo procesado	0.2102
Maíz procesado	−1.3695
Azúcar	0.3378
Otros alimentos	0.0528
Manufactura ligera	0.1212
Manufactura intermedia	0.1170
Bienes de capital	0.1267
Productos duraderos	0.0969
Construcción	0.1139
Servicos profesionales	0.1125
Otros servicios	0.1095
Comercio	0.1088

FUENTE: Estimaciones propias.

dro 17 muestran que el efecto del TLCAN en la reducción de los precios de las mercancías liberadas sería más grande que el aumento en los mismos provocado por la disminución de la oferta del agua para riego.

La eliminación de tarifas al maíz, frijol y lácteos dentro del TLCAN provoca un aumento en sus importaciones, que crecen un poco más cuando a ello se le añade la reducción de la oferta de agua para riego (27, 16.2%, respectivamente, frente a 26.98, 16.19% cuando sólo simulamos el TLCAN; véase cuadro 18 e *ibid*). Las importaciones de trigo y otros cultivos también crecen un poco y las de otros granos y frutas y hortalizas y ganado se reducen a tasas un poco inferiores a las provocadas cuando sólo se simula el TLCAN. Por su parte, las exportaciones de frutas y hortalizas —que aumentan su precio conforme a la simulación del TLCAN— crecen menos cuando se combinan los efectos del tratado con los de la reducción de la oferta de agua (12.17 y 12.07%, respectivamente).

CUADRO 18. *TLCAN y reducción de la oferta de agua.*
Efectos en el comercio

(Cambios porcentuales en cantidades respecto a la base)

	Importaciones	Exportaciones
Maíz	27.0057	−9.9577
Trigo	0.2610	−1.4738
Frijol	16.2005	−2.2546
Otros granos	−0.1591	−0.7708
Frutas y hortalizas	−0.8893	12.0697
Otros cultivos	0.3836	−2.4315
Ganado	−0.2678	0.2289
Productos lácteos	7.8151	−0.0752
Frutas y hortalizas procesadas	−0.3149	1.5314
Trigo procesado	0.0090	−0.2094
Maíz procesado	−0.7138	4.1566
Azúcar	0.2796	−0.3854
Otros alimentos	−0.0838	0.2698
Manufactura ligera	−0.0655	0.0286
Manufactura intermedia	−0.1135	0.0127
Bienes de capital	−0.2219	0.0716
Bienes de consumo duraderos	−0.1264	0.0500

FUENTE: Estimaciones propias.

El TLCAN y la reducción en la oferta de agua deprimirían la producción nacional de maíz y frijol y aumentarían la de frutas y hortalizas (−5.64, −1 y 5.95%, respectivamente, en tierras de temporal y −8.57, −3.5 y 4.52% en tierras regadas; véase cuadro 19). El efecto de este panorama varía por regiones y el resultado neto es una reducción de la oferta en tierras de temporal y un crecimiento en la oferta regada (−0.36 y 0.37%, respectivamente). La producción agrícola en conjunto experimentaría un pequeño crecimiento, de 0.07% (frente al aumento de 0.16% cuando sólo se simula el TLCAN; *ibid*). Por su parte, la oferta ganadera en la RRB decrece y la nacional crece, mientras que la producción no agropecuaria y la de la economía en su conjunto decrecen un poco (la última, lo hace a una tasa un poco más alta que cuando sólo se simula el TLCAN, −0.0029% frente a −0.0023%).

Al provocar una sustitución de cultivos no competitivos por competitivos —es decir, al promover la reorientación de la agricultura mexicana hacia actividades más productivas—, el TLCAN hace crecer las retribuciones a los factores productivos (*ibid*). Si la liberación agropecuaria se realiza en un panorama con reducciones del agua

CUADRO 19. *TLCAN y reducción de la oferta de agua.*
Efectos en la producción

(Cambios porcentuales en cantidades respecto a la base)

Todos los cultivos por región		Todas las regiones por cultivo	
Tierra de temporal			
Norte	−0.3394	Maíz	−5.6440
Centro	−0.4436	Trigo	1.2734
Suroeste	−1.3164	Frijol	−1.0027
Sureste	0.7242	Otros granos	0.3153
RRB	0.6062	Frutas y hortalizas	5.9546
Subtotal	−0.3591	Otros cultivos	−1.0735
Tierra de riego			
Norte	0.6218	Maíz	−8.5660
Centro	0.5056	Trigo	−0.8504
Suroeste	−0.2349	Frijol	−3.5046
Sureste	1.0118	Otros granos	−2.0764
RRB	−0.4315	Frutas y hortalizas	4.5198
Subtotal	0.3729	Otros cultivos	−2.3893

Totales	
Agicultura	0.0652
Ganado	
RRB	−0.2897
Resto de México	0.0232
Actividades no agrícolas	−0.0042
Economía	−0.0029

FUENTE: Estimaciones propias.

CUADRO 20. *TLCAN y reducción de la oferta de agua.*
Efectos en el pago a factores

(Cambios porcentuales respecto a la base)

Trabajo		Tierra		Agua	
Urbano		*Temporal*			
Profesionistas	0.104	Norte	0.209	Norte	136.511
Cuello blanco	0.108	Centro	0.099	Centro	139.903
Obreros	0.069	Suroeste	−0.218	Suroeste	137.186
No calificados	0.099	Sureste	0.647	Sureste	138.684
		RRB	0.129	RRB	137.258
Rural		*De riego*			
Norte	0.890	Norte	1.598		
Centro	0.454	Centro	1.099		
Suroeste	1.424	Suroeste	1.036		
Sureste	0.956	Sureste	0.914		
RRB	0.057	RRB	0.484		

FUENTE: Estimaciones propias.

CUADRO 21. *TLCAN y reducción de la oferta de agua.*
Efectos en el ingreso real de las instituciones

(Cambios porcentuales respecto a la base)

Hogares urbanos		*Hogares rurales*	
Pobres	0.1032	*Ingresos medios*	
De ingreso medio	0.1039	Norte	0.1644
Ricos	0.1165	Centro	0.1228
Empresas	0.1234	Suroeste	0.1217
Asociaciones de		Sureste	0.1726
usuarios de agua	18.6201	RRB	0.1053
Hogares rurales			
Pobres		*Ricos*	
Norte	0.1680	Norte	0.7818
Centro	0.1523	Centro	0.2553
Suroeste	0.1447	Suroeste	0.1811
Sureste	0.1618	Sureste	0.1949
RRB	0.1066	RRB	0.1284
	Gobierno	0.0672	

FUENTE: Estimaciones propias.

para riego, tal crecimiento sería menor, aunque permanece positivo (cuadro 20). El mayor contraste del panorama que aquí se presenta respecto al que sólo simula la liberación comercial es que en el primero el precio sombra del agua para riego crece considerablemente en las cinco regiones (alrededor de 136%, frente a no más de 1.2% en el segundo), y en el segundo esto no sucede.

Los efectos de equilibrio general que la liberación comercial provocaría al modificar los precios relativos (reduciendo los de algunos alimentos básicos en la dieta nacional y reorientando su producción agrícola), traería como consecuencia un aumento generalizado en el ingreso de las instituciones privadas. Aun cuando la reducción de la oferta de agua haría decrecer estos efectos, se mantendría el aumento en los ingresos reales de los hogares, de las AUA y de las empresas (cuadro 21). No obstante, los beneficios se distribuyen con inequidad, ya que son los hogares rurales ricos de las regiones norte, centro, suroeste y sureste los más beneficiados. En cuanto a las asociaciones de usuarios de agua, el aumento en el precio sombra del agua causado por la reducción en la oferta del líquido provocaría un aumento en su ingreso. Éste podría usarse para impulsar la producción agrícola y el uso más eficiente del agua para riego y con ello reducir los efectos negativos de la caída en la oferta del líquido.

4. *Efectos combinados del* TLCAN, *de la disminución en
la oferta del agua para riego y de un aumento
en los impuestos al valor agregado*

El objetivo del último experimento que mostramos es evaluar los posibles efectos que tendría extender a los alimentos el impuesto al valor agregado (IVA) en un contexto de liberación comercial agropecuaria y de reducciones en la oferta de agua para riego. En este experimento añadimos al TLCAN y a la reducción de 50% de la disponibilidad de agua para riego en las cinco regiones rurales, la implantación del IVA de 15% a los alimentos. Este último cambio de política fue promovido por el presidente Fox y puede ser que se incluya en la discusión sobre la reforma fiscal entre el gobierno de Felipe Calderón y el Congreso.

Los efectos de la aplicación del IVA a los alimentos serían pronunciados. Se reducen menos los precios de las mercancías cuyo valor baja a causa del TLCAN y la reducción de la oferta de agua (por ejemplo, para el maíz en –8.4%, cuadro 22, frente al –9.03%, cuadro 17). Con este panorama aumentan los precios del ganado y de todos los alimentos procesados. En contraste, en el experimento anterior el signo es el opuesto, con la excepción del trigo procesado, la azúcar y otros alimentos agroindustriales. No obstante, el precio de estos alimentos sube mucho menos. Por su parte, al sumarle el IVA al TLCAN y a la reducción en la oferta de agua, bajan los precios del resto de las mercancías (lo contrario pasa en el experimento anterior).

Al añadirse el IVA a la liberación y al cambio en la disponibilidad de agua, las importaciones de maíz aumentan menos (17.83 frente a 27%; cuadro 18). Lo mismo sucede con las de frijol y crecen las compras al exterior de todos los alimentos procesados (éstas decrecen en el panorama anterior). Por su parte, en el presente experimento las exportaciones de frutas y hortalizas crecen menos respecto al anterior (7.03 frente a 12.07%), así como las de los alimentos procesados.

Agregar el IVA a la liberación y a las restricciones de agua para riego provocaría efectos negativos muy pronunciados en la producción agrícola de las regiones rurales, de la mayor parte de los cultivos y de la ganadería (las únicas excepciones son lo que sucedería en la RRB y con la oferta nacional de frutas y hortalizas, cuadro 23).[11] Consecuen-

---

[11] En la RRB el aumento en la producción agrícola se da a costa de la ganadería.

CUADRO 22. *TLCAN, reducción de la oferta de agua e IVA a los alimentos. Efectos en los precios de las mercancías*

(Cambios porcentuales en cantidades respecto a la base)

Maíz	−8.4046
Trigo	0.1981
Frijol	−4.2959
Otros granos	−1.0317
Frutas y hortalizas	−1.2067
Otros cultivos	1.7007
Ganado	1.9297
Productos lácteos	4.1919
Frutas y hortalizas procesadas	7.2600
Trigo procesado	9.2878
Maíz procesado	9.2551
Azúcar	7.1155
Otros alimentos	5.8926
Manufactura ligera	−0.8026
Manufactuta intermedia	−0.9748
Bienes de capital	−0.8709
Bienes de consumo duraderos	−1.2026
Construcción	−1.0141
Servicios profesionales	−1.1057
Otros servicios	−1.1477
Comercio y tratados	−1.1404

FUENTE: Estimaciones propias.

cia de lo anterior es que la producción agrícola nacional cae −8%. El experimento ocasiona un reacomodo en la producción nacional, promoviendo la oferta de bienes no agropecuarios. En contraste con el panorama anterior, cae el precio de todos los factores productivos, sobre todo el de los insumos primarios rurales (cuadro 24). La única excepción se da con el precio sombra del agua. No obstante, su aumento es mucho menor respecto al tercer panorama.

Finalmente, los efectos de equilibrio general del aumento en el IVA con TLCAN y cambios en la disponibilidad de agua producen una disminución en el ingreso real de las instituciones privadas (cuadro 25). Tal reducción incluye a las AUA, ya que el efecto del aumento en el precio sombra del agua no compensa los efectos negativos de la reducción en la producción agrícola. Los efectos negativos en el ingreso son más pronunciados para los hogares rurales y, dentro de ellos, para los hogares ricos. La contraparte de las disminuciones en los ingresos de las instituciones privadas es el aumento en el ingreso real del go-

CUADRO 23. *TLCAN, reducción de la oferta de agua e IVA a los alimentos. Efectos en la producción interna*

(Cambios porcentuales en cantidades respecto a la base)

Todos los cultivos por región		Todas las regiones por cultivo	
Tierra de temporal			
Norte	−12.1368	Maíz	−12.4242
Centro	−5.9160	Trigo	−30.1711
Suroeste	−11.8919	Frijol	0.4514
Sureste	−5.3529	Otros granos	−13.2365
RRB	12.5688	Frutas y hortalizas	0.0451
Subtotal	−8.0990	Otros cultivos	−12.0851
		Subtotal	−8.0990
Tierra de riego			
Norte	−12.1368	Maíz	−14.5170
Centro	−5.9160	Trigo	−36.6075
Suroeste	−11.8919	Frijol	0.4714
Sureste	−5.3529	Otros granos	−14.7514
RRB	12.5688	Frutas y hortalizas	0.8043
Subtotal	−8.0990	Otros cultivos	−16.7778
		Subtotal	−8.0026
Totales			
Agicultura			−8.0431
Ganado			
RRB			−23.1268
Resto de México			−6.3802
Actividades no agrícolas			0.3818
Economía			0.0948

FUENTE: Estimaciones propias.

CUADRO 24. *TLCAN, reducción de la oferta de agua e IVA a los alimentos. Efectos en el pago a factores*

(Cambios porcentuales respecto a la base)

Trabajo		Tierra		Precio sombra del agua	
Urbano		*Temporal*			
Profesionistas	−1.33	Norte	−20.83	Norte	75.03
Cuello blanco	−1.44	Centro	−21.94	Centro	85.62
Obreros	−0.94	Suroeste	−23.58	Suroeste	74.98
No especializados	−1.96	Sureste	−20.61	Sureste	87.00
		RRB	−24.56	RRB	91.36
Rural		*De riego*			
Norte	−22.74	Norte	−23.79		
Centro	−20.56	Centro	−21.71		
Suroeste	−19.43	Suroeste	−22.30		
Sureste	−20.36	Sureste	−20.98		
RRB	−25.04	RRB	−19.19		

FUENTE: Estimaciones propias.

CUADRO 25. *TLCAN, reducción de la oferta de agua e IVA a los alimentos. Efectos en el ingreso real de las instituciones*

(Cambios porcentuales respecto a la base)

Hogares urbanos		Hogares rurales	
Pobres	−1.06	*Ingresos medios*	
De ingreso medio	−1.08	Norte	−6.13
Ricos	−1.17	Centro	−2.98
Empresas	−1.0526	Suroeste	−2.82
Asociaciones de		Sureste	−2.95
usuarios de agua	−10.8853	RRB	−2.21
Hogares rurales			
Pobres		*Ricos*	
Norte	−3.50	Norte	−14.34
Centro	−4.85	Centro	−5.15
Suroeste	−2.75	Suroeste	−3.08
Sureste	−2.57	Sureste	−3.25
RRB	−3.03	RRB	−9.81
	Gobierno	22.51	

FUENTE: Estimaciones propias.

bierno, que en este panorama crece 22.51% (en el panorama anterior éste lo hace en sólo 0.07%; cuadro 21).

CONCLUSIONES

Ante el desperdicio que prevalece en el uso del agua en México y del hecho de que la mayor parte del recurso se usa para la producción agrícola, es de fundamental importancia indagar las consecuencias que tendría en el sector, y en el país, la reducción de la oferta del líquido usado en dicha actividad. Una manera de hacerlo es a partir de un enfoque multisectorial como el usado en el presente estudio.

Debido al bajo precio del agua para riego, pronunciados aumentos en su costo no transformarían la manera en que se producen los cultivos regados en México; en consecuencia, no se lograría un uso más eficiente del recurso por parte de la agricultura mexicana.[12] Frente a ello, una opción es restringir la disponibilidad de agua para riego. Tal cambio —que no sólo puede darse a una acción de política, sino a los efectos de la depredación del recurso o de cambios climáticos— afectaría negativamente la producción agrícola y a los hogares rurales,

[12] El resultado coincide con los hallazgos del estudio basado en el modelo de producción presentado en el capítulo 7 de estas Lecturas.

sobre todo en las regiones norte y del Río Bravo y en el ingreso real de sus hogares ricos (no obstante, la reducción de éste sería muy baja, menor a -0.12%). Al mismo tiempo, al declinar la oferta de agua aumentaría su precio sombra, lo cual beneficiaría las finanzas de las Asociaciones de Usuarios de Agua o AUA. De invertir las AUA este ingreso adicional para promover la producción agrícola, decrecerían los efectos negativos provocados por la reducción de la oferta del líquido. Para contrarrestar aún más estos efectos una opción de política sería promover la adopción de cambios tecnológicos en la agricultura de riego que impulsen el uso más eficiente del agua. Estos hallazgos también se aplican a la situación de la región del Río Bravo, a partir del pago del agua de la cuenca que México adeuda a los Estados Unidos.

En cuanto a las simulaciones que combinan la reducción de la oferta de agua para riego con panoramas macro: la conclusión de la apertura comercial agropecuaria y el establecimiento del IVA a los alimentos, nuestras indagaciones indican lo siguiente. Si la liberación agropecuaria se da en un contexto de restricciones en la oferta de agua, los posibles efectos positivos de la apertura comercial en la producción agropecuaria y en el ingreso real de los hogares rurales se reducen, pero sólo un poco. En contraste, la adición del IVA al panorama anterior provoca reducciones considerables en las actividades agropecuarias nacionales y en el ingreso de sus hogares. Al mismo tiempo, el IVA ocasiona un aumento en el ingreso del gobierno, que podría usarse para compensar los efectos negativos mencionados a partir de la promoción del cambio tecnológico y, con ello, de una agricultura más eficiente en el uso del agua.

Nuestros resultados también muestran que, en el plano de las regiones y hogares rurales, son distintos los efectos de cambios en la oferta de agua para riego, así como los de la apertura comercial y de la aplicación del IVA a alimentos. Esto significa que es necesario que las medidas de política tomen en cuenta las especificidades regionales y los efectos de choques en la distribución del ingreso. Lo anterior exige la coordinación de las políticas públicas entre las diferentes secretarías de Estado (al menos entre las de agricultura, medio ambiente, desarrollo social y hacienda), así como su descentralización (véase, por ejemplo, Yúnez y Dyer, 2006).

Las medidas que puede tomar el Estado mexicano para lograr un uso más eficiente del agua afectarán negativamente a algunos sectores de la sociedad mexicana. Por ello, un requisito adicional es que haya voluntad política para que sea posible llevar a la práctica las acciones requeridas.

REFERENCIAS BIBLIOGRÁFICAS

Albornoz, L. (2006), "Actualización y balance por entropía de una matriz de contabilidad social de las regiones rurales de México", tesis de maestría, CEE-El Colegio de México.

Lee Harris, R. (2002), "Estimation of a Regionalized Mexican Social Accounting Matriz: Using Entropy Techniques to Reconcile Disparate Data Sources", TMD Discussion Paper núm. 97, International Food Policy Research Institute.

Lofgren, H., R. Harris y S. Robinson (2002), "A Standard Computable General Equilibrium (CGE) Model in GAMS", Washington, International Food Policy Research Institute, Washington.

Robinson, Sherman (1989), "Multisectoral Models", Chenery Hollis y T. N. Srinivasan (comps.), *Handbook of Develepoment Economics*, Amsterdam y Nueva York, Elsevier Science Publishing Co. Inc., vol. II.

Thurlow, J. (2004), "A Recursive Dynamic Computable General Equilibrium (CGE) Model for South Africa",Trade and Industrial Policy Strategies Working Paper, Johannesburgo.

Yúnez-Naude, A., *et.al* (2006), *Economic Assessment of Policy Interventions in the Water Sector of Mexico*, Banco Mundial, febrero.

——, G. Dyer Leal (2006), "La integración económica y el sector agropecuario mexicano: Evaluación y opciones de política", informe elaborado para el Banco Interamericano de Desarrollo, julio.

9. REFLEXIONES E IMPLICACIONES DE POLÍTICA

Ariel Dinar, Musa Asad, Hilda R. Guerrero García Rojas, Antonio Yúnez-Naude y Josué Medellín-Azuara

INTRODUCCIÓN

LOS RESULTADOS de las investigaciones presentadas a lo largo del volumen proporcionan elementos para evaluar los posibles efectos económicos y sociales de ciertas intervenciones de políticas en el sector hídrico en México y, con esta base, contribuciones al diálogo de las opciones de política encaminadas a promover el uso racional del agua en el país. Los hallazgos expuestos sugieren la necesidad de efectuar un conjunto de intervenciones detalladas y bien coordinadas que consideren los aspectos de sostenibilidad, equidad y eficiencia económica (o restricciones al crecimiento). Entre ellas, destacan las que siguen.

I. EFICIENCIA EN EL USO DEL AGUA

Análisis del valor económico del agua muestran que hay diferencias considerables en la productividad del agua entre los diversos productos agrícolas, sectores económicos y áreas dentro de una región. Este desequilibrio muestra que las distorsiones se dan en términos de productividad, eficiencia y equidad para la economía regional como un todo. Mejorar las técnicas de producción de cultivos podría reducir las distorsiones que redundarían en ahorros del líquido y aumentos de la producción física. Efectos similares a los provocados por el cambio tecnológico podrían surgir a partir de uso del suelo o de la sustitución de granos y forrajes (alfalfa, sorgo y pasturas) utilizando los mercados y creando la infraestructura adecuada.[1] Otro ejemplo lo ofrece el estudio de valoración contingente, el cual muestra que una opción viable, por ser redituable, al uso agrícola de los flujos de agua al río son los relacionados con la recreación, que además promovería la sostenibilidad del ecosistema.

---

[1] Véase, por ejemplo, el volumen II, *Economic Value of Water in The Rio Bravo Basin*, de Julio Goicoachea, *Economic Sector Work (ESW): Assessment of Policy Interventions in the Water Sector*, México, mayo, 2005.

II. Eficiencia urbana en el uso del agua

El estudio del costo de suministrar el agua y la disposición de pago por el recurso sugiere que mejorar el desempeño de los organismos operadores promovería no sólo el ahorro de agua, ya que también podría conducir al mejoramiento en su suministro, a la sanidad y a la inclusión de los segmentos de la población más vulnerables. Con ello se promovería el uso sostenible del agua al reducir las pérdidas en el sistema. Para avanzar en el perfeccionamiento del suministro urbano de agua es de suma importancia que los organismos operadores intervengan con políticas de precios, cuiden los procesos de cobranza de facturas y de detección y manejo de fugas y que proporcionen incentivos que promuevan la aplicación de procesos eficientes en el uso del recurso con un esquema de supervisión.

III. Redistribución y transferencia de agua

Transferir el agua entre cultivos, concesionarios de derechos de agua y cuencas podría también llevar a una distribución más equitativa y económicamente eficiente de la asignación de agua. Sin embargo, estas transferencias requieren establecer un adecuado marco legal, institucional y regulatorio. Los resultados del análisis comparativo de políticas relacionadas con el agua sugieren que dicho marco necesitaría ser reforzado para asegurar que el intercambio de derechos de agua sea factible, viable (es decir, que los costos de transacción asociados no sean prohibitivos) y transparente. Por su parte, los mercados de agua exclusivamente informales serían marginales o muy localizados, situación que podría producir resultados ineficientes e inequitativos.

IV. Precio del agua y consideraciones sobre la equidad

Limitaciones adicionales de importancia para una distribución eficiente, equitativa y sostenible del agua en México se relacionan con las distorsiones ocasionadas por los subsidios y precios. Los análisis realizados para la agricultura y tipo de granjas relacionados con el bombeo del líquido muestran que los subsidios a la electricidad para la extracción de agua (la tarifa 09 en específico) afectan negativamente a la economía. Más aún, los principales beneficiados por este subsidio son agricultores que tienen sistemas de riego, cuya participación en el total de productores del sector es de sólo 30%. Además de distorsionante, dicho subsidio es costoso: por ejemplo, en 2004 el costo de este apoyo a los productores de riego fue cercano a los 700 millones de pesos. Sin embargo, puede ser que la simple eliminación del subsidio no sea políticamente factible ni eficiente en el contexto de las instituciones existentes en México. Hay otras medidas que pueden ser más o menos políticamente neutrales, así como eficientes y equitativas. Éstas incluyen: i) el "desacoplamiento" de modo que cada agricultor reciba el subsidio promedio; ii) la distribución del subsidio basado en el consumo histórico; iii) la asignación del subsidio únicamente a los dueños de concesiones de agua, y iv) una combinación de una de las opciones anteriores con un enfoque de pago por hectárea para focalizar mejor el subsidio. Cada una de estas opciones tiene consecuencias en el ámbito de la economía política que necesitarían ser consideradas en un contexto de diálogo.

La distribución inequitativa del agua también parece surgir de una política centralizada y una toma de decisiones de inversión que marginan inherentemente a ciertos elementos de la sociedad mexicana. Por ejemplo, el análisis de políticas de manejo de agua en comunidades indígenas indica que la omisión de las dimensiones socioculturales del agua no sólo torna vulnerables a los grupos indígenas, también afectan negativamente el manejo de los recursos hídricos. Varias comunidades indígenas han desarrollado prácticas de manejo de agua sostenibles y efectivas en términos de costos. Aún así, dichas comunidades permanecen marginadas de las políticas y de la toma de decisiones de inversión en el sector agua. Tal marginación inevitablemente genera conflictos en el uso del recurso y conduce a situaciones conflictivas que repercuten en la sociedad mexicana. Las comunidades indígenas están con frecuencia localizadas en regiones con altos niveles de biodiversidad y recursos naturales, así como en zonas de recarga de acuíferos. Son esas áreas las que requieren especial atención ante lo que puede llamarse la crisis actual de agua en el país. En contraste, los recursos públicos asignados a mejorar las necesidades básicas de las regiones indígenas permanecen por debajo de la meta de desarrollo del milenio (nos referimos a los 550 dólares *per capita* necesarios para resolver los déficit de agua potable y sanidad en estas regiones).

V. LOS ANÁLISIS ECONÓMICOS

A partir de los resultados de los modelos analítico-económicos, establecidos para el proyecto, podemos extraer conclusiones relevantes que validan aún más y extienden los resultados analizados.

1. *Distribución sectorial sostenible de agua*

La tendencia de sobreexplotar los acuíferos en el país y en la cuenca o región del Río Bravo (RRB), así como el rápido crecimiento urbano, muestran que no es sostenible conservar las asignaciones actuales de agua para usos agrícolas. Cumplir con las demandas urbanas del líquido sólo requeriría pequeñas reducciones en el agua disponible para la agricultura, lo cual implicaría disminuciones moderadas en el total de la tierra cultivada y en el nivel de la producción agrícola. Más aún, algunas intervenciones de política para alcanzar este resultado tendrían, relativamente, menos efecto negativo que otras, de modo que pueden ser más factibles en el plano político.

2. *Precio y disponibilidad del agua para riego*

Conforme a los resultados de los modelos analíticos, la mayor parte de los agricultores parecen responder más a la cantidad que al "precio" del agua. O sea que, ante el relativamente bajo costo del líquido y los subsidios a la electricidad, las opciones de política cuyo propósito sea la reducción del suministro de agua para riego tienen mayor probabilidad de promover un uso más eficiente del agua en la agricultura. Más aún, reducir el suministro de agua para fines agrícolas puede instrumentarse más equitativamente y podría ser más viable en el plano político, que aumentar su precio y eliminar los subsidios a la energía. En términos de equidad, al comparar los efectos de tal medida en el ingreso de los hogares rurales por niveles, resulta que los ricos (en particular los del norte y los de la RRB) serían los más afectados respecto a los hogares campesinos pobres y de ingreso medio.

3. *Fortalecimiento de las asociaciones de usuarios de agua (AUA)*

Los efectos negativos que resultarían de reducir el suministro de agua para riego podrían ser contrarrestados si las AUA aumentan y retienen los ingresos de la recaudación por aprovechamiento de agua para invertirlos en el plano local y en tecnologías que aumenten la productividad del agua. Además, los cambios de política que impliquen más recursos para las AUA y para el gobierno mejorarían sus finanzas, lo cual podría permitirles aplicar medidas de creación de capital público y de redistribución (por ejemplo, promoviendo la producción más eficiente de cultivos).

4. Comercio internacional e impuestos al valor agregado (IVA) de los alimentos

Las políticas de libre comercio pueden facilitar algunas de las opciones de políticas analizadas. Por ejemplo, los efectos negativos de restringir el suministro de agua para riego serían relativamente bajos comparados con los efectos potenciales positivos de la liberación del comercio agrícola. Estos efectos pueden compensar consecuencias negativas para los hogares rurales más ricos, cuyos ingresos son los más afectados cuando la disponibilidad del agua es reducida y/o los costos del agua se incrementan. Por su parte, la implantación del IVA a alimentos deprimiría la producción agrícola, mucho más que la reducción de la oferta de agua para riego. Al mismo tiempo, el IVA a alimentos —así como la eliminación de los subsidios agrícolas— aumentaría los ingresos del gobierno, que bien podrían usarse para promover un uso más eficiente del agua en la agricultura.

5. Efectos diferenciados

Las variaciones en la disponibilidad de agua para riego, provocadas por el cambio climático o por las intervenciones gubernamentales, así como las modificaciones en las políticas macroeconómicas, tendrán efectos diferenciales entre regiones y entre los hogares que forman el sector rural. Ello demanda políticas de índole local y focalizadas.

AUTORES

Musa Asad. Especialista de Agua. Sector de Desarrollo Sustentable, Banco Mundial, Washington.

Patricia Ávila. Centro de Investigaciones en Ecosistemas, Universidad Nacional Autónoma de México, México.

Sara Ávila Forcada. Dirección de Análisis Estadístico, Econométrico y Modelos, Instituto Nacional de Ecología, México.

Ariel Dinar. Lead Economist, Sustainable Rural and Urban Development DECRG, Banco Mundial, Washington.

Hilda R. Guerrero García Rojas. Facultad de Economía "Vasco de Quiroga", Universidad Michoacana de San Nicolás de Hidalgo, Morelia, Michoacán, México (http://www.economia.umich.mx).

Alejandro Guevara Sanginés. Departamento de Economía, Universidad Iberoamericana, México.

Richard E. Howitt. Profesor y director, Departamento de Economía Agrícola y de Recursos Naturales, University of California, Davis.

Josué Medellín-Azuara, Departamento de Economía Agrícola y de Recursos Naturales, University of California, Davis.

Carlos Muñoz Piña, Dirección General de Investigación en Política y Economía Ambiental, Instituto Nacional de Ecología, México.

Luis Gabriel Rojas Castro. Investigador, Programa de Estudios del Cambio Económico y la Sustentabilidad del Agro Mexicano, Centro de Estudios Económicos, El Colegio de México, Precesam, México.

Enrique Sanjurjo Rivera. Dirección General de Investigación en Economía y Política Ambiental, Instituto Nacional de Ecología, México.

Antonio Yúnez-Naude. Profesor-investigador, Centro de Estudios Económicos, y coordinador, Programa de Estudios del Cambio Económico y la Sustentabilidad del Agro Mexicano (http://precesam.colmex.mx), El Colegio de México, México.

ÍNDICE

El agua en México. Consecuencias de las políticas de intervención en el sector, coordinación de Hilda R. Guerrero García Rojas, Antonio Yúnez-Naude y Josué Medellín-Azuara, se terminó de imprimir y encuadernar en octubre de 2008 en Impresora y Encuadernadora Progreso, S. A. de C. V. (IEPSA), Calz. San Lorenzo, 244; 09830 México, D. F. En su composición, elaborada por *Ma. Isabel Robles*, se usaron tipos Dutch 811 BT de 10, 9 y 8 puntos. La edición, al cuidado de *Guillermo Escalante*, consta de 1 000 ejemplares.